모듈형

핵심
암기노트

+ 무료NCS특강

(주)시대고시기획

머리말 PREFACE

정부는 양질의 일자리를 창출하고자 다각도로 채용을 진행하고 있으며, 필기전형에 국가직무능력표준(NCS)을 도입하여 우리 사회에 직무 위주의 채용 문화를 정착시키는 데 기여하고 있다. 문제 유형은 대표적으로 모듈형, PSAT형, 피듈형 3가지로 구분할 수 있다. 그중 모듈형은 이론·개념을 활용하여 출제되는 유형으로, 채용 기업에 따라 10개의 영역 중 직무 관련 문제를 선발하여 출제된다. 따라서 공사·공단 채용을 준비하는 수험생들은 필기전형에서 고득점을 받기 위해 가장 기본이 되는 모듈형 유형에 대한 폭넓은 학습과 문제풀이능력을 높이는 등 철저한 준비가 필요하다.

공사·공단 필기전형 합격을 위해 SD에듀에서는 NCS 도서 시리즈 판매량 1위의 출간 경험을 토대로 다음과 같은 특징을 가진 도서를 출간하였다.

도서의 특징

❶ **모듈이론을 통한 효과적인 학습!**
- 영역별 핵심 이론을 수록하여 기본이 되는 내용을 효과적으로 학습할 수 있도록 하였다.

❷ **Point를 통한 실력 상승!**
- 중요한 내용을 Point로 수록하여 다시 한 번 정리할 수 있도록 하였다.

❸ **심화자료&핵심정리를 통한 빈틈없는 학습!**
- 추가적으로 알아 두면 좋은 내용을 심화자료로 수록하여 익힐 수 있도록 하였다.
- 학습한 내용을 핵심정리로 수록하여 한눈에 보기 쉽게 확인할 수 있도록 하였다.

❹ **OX 문제를 통한 최종 마무리!**
- 영역별 OX 문제를 수록하여 자신의 실력을 점검할 수 있도록 하였다.

끝으로 본 도서를 통해 공사·공단 채용을 준비하는 모든 수험생 여러분이 합격의 기쁨을 누리기를 진심으로 기원한다.

SDC(Sidae Data Center) 씀

◇ **국가직무능력표준(NCS; National Competency Standards)**

  ▶ 산업 현장의 직무를 수행하기 위해 필요한 능력(지식, 기술, 태도)을 국가적 차원에서 표준화한 것

  ▶ 능력단위 또는 능력단위의 집합

◇ **직무능력**

직무능력 = 직업기초능력 + 직무수행능력

  ▶ **직업기초능력** : 직업인으로서 기본적으로 갖추어야 할 공통 능력

  ▶ **직무수행능력** : 해당 직무를 수행하는 데 필요한 역량(지식, 기술, 태도 등)

◇ **NCS의 활용**

구분	내용
기업	조직 내 직무를 체계적으로 분석함
	직무 중심의 인사 제도(채용, 배치, 승진, 교육, 임금 등)를 운영함
취업 준비생	기업이 어떤 능력을 지닌 사람을 채용하고자 하는지 명확히 앎
	직무능력을 키워 스펙 쌓기에 부담이 줄어듦
교수자	교육 과정을 설계함으로써 체계적으로 교육훈련 과정을 운영함
	산업 현장에서 필요로 하는 실무형 인재를 양성함

◇ 모듈형의 영역

구분	정의	하위 영역
의사소통능력	읽고 들음으로써 다른 사람이 뜻한 바를 파악하고, 자신이 뜻한 바를 정확하게 쓰거나 말하는 능력	문서이해능력 문서작성능력 경청능력 의사표현능력 기초외국어능력
수리능력	사칙연산, 통계, 확률의 의미를 정확하게 이해하고 적용하는 능력	기초연산능력 기초통계능력 도표분석능력 도표작성능력
문제해결능력	창조적이고 논리적인 사고를 통해 문제 상황을 올바르게 인식하고 적절히 해결하는 능력	사고력 문제처리능력
자원관리능력	자원이 얼마나 필요한지 확인하고, 이용 가능한 자원을 최대한 수집하여 어떻게 활용할 것인지 계획하고, 계획대로 할당하는 능력	시간자원관리능력 예산자원관리능력 물적자원관리능력 인적자원관리능력
정보능력	정보를 수집하고 분석하여 의미 있는 정보를 찾아내고, 적절히 조직하고 관리하며 활용하여 컴퓨터를 사용하는 능력	컴퓨터활용능력 정보처리능력
기술능력	도구, 장치를 포함하여 필요한 기술을 이해하고, 적절한 기술을 선택하여 적용하는 능력	기술이해능력 기술선택능력 기술적용능력
조직이해능력	국제적인 추세를 포함하여 조직의 체제와 경영에 대해 이해하는 능력	경영이해능력 체제이해능력 업무이해능력 국제감각
대인관계능력	사람들과 문제를 일으키지 않고 원만하게 지내는 능력	팀워크능력 리더십능력 갈등관리능력 협상능력 고객서비스능력
자기개발능력	스스로를 관리하고 개발하는 능력	자아인식능력 자기관리능력 경력개발능력
직업윤리	원만한 직업 생활을 위해 필요한 태도, 매너, 올바른 직업관	근로윤리 공동체윤리

◇ 모듈형의 특징

특징	이론 및 개념을 활용하여 푸는 유형
	채용 기업 및 직무에 따라 NCS 10개 영역 중 선발하여 출제함
	기업의 특성을 고려한 직무 관련 문제를 출제함
	주어진 상황에 대한 판단 및 이론 적용을 요구함
대행사	사람인, 인트로맨, 잡플러스, 휴스테이션, ORP연구소 등

◇ 모듈형 학습의 이유

▶ 국가직무능력표준(NCS)이 현장의 '직무 요구서'라고 한다면, NCS 학습모듈은 NCS의 능력단위를 교육훈련에서 학습할 수 있도록 구성한 '교수·학습 자료'임

▶ NCS 학습모듈은 구체적 직무를 학습할 수 있도록 이론 및 실습과 관련된 내용을 상세하게 제시하고 있음

▶ 모듈형은 '학습모듈'의 내용을 토대로 주어진 상황에 대한 판단 및 이론 적용을 요구하므로 NCS 영역별 이론을 정립하고, 이에 대한 연습이 필요함

◇ 과년도 모듈형 출제 기업

강원개발공사, 건강보험심사평가원, 국민건강보험공단, 국민연금공단, 근로복지공단, 도로교통공단, 부산교통공사, 서울교통공사, 서울시설공단, 인천교통공사, 코레일 한국철도공사, 코레일네트웍스, 한국가스공사, 한국가스기술공사, 한국가스안전공사, 한국관광공사, 한국남동발전, 한국남부발전, 한국농어촌공사, 한국도로공사, 한국동서발전, 한국마사회, 한국문화재단, 한국산업안전보건공단, 한국서부발전, 한국수력원자력, 한국에너지공단, 한국전기안전공사, 한국전력공사, 한국중부발전, 한국지역난방공사, 한국환경공단, 한전KDN, 한전KPS, 해양환경공단, HRDK 한국산업인력공단, HUG 주택도시보증공사, KAC 한국공항공사, KIAT 한국산업기술진흥원, K-water 한국수자원공사, LH 한국토지주택공사, LX 한국국토정보공사, SH 서울주택도시공사, SRT 수서고속철도, TS 한국교통안전공단 등

이 책의 구성 STRUCTURES

모듈이론

PART 01 의사소통능력

[01] 의사소통능력의 의의

1 의사소통이란?

① **의사소통의 정의**

　두 사람 또는 그 이상의 사람들 사이에서 일어나는 의사의 전달과 상호교류를 의미하며, 어떤 개인 또는 집단이 개인 또는 집단에 대해서 정보·감정·사상·의견 등을 전달하고 그것들을 받아들이는 과정을 말한다.

② **성공적인 의사소통의 조건**

　내가 가진 정보를 상대방이 이해하기 쉽게 표현

최신 NCS 직업기초능력 10개의 영역에 대한 이론을 수록하여 기본이 되는 지식을 쌓을 수 있도록 하였다.

심화자료 키슬러의 대인관계 의사소통 테스트

| 전혀 그렇지 않다 | 약간 그렇다 | 상당히 그렇다 | 매우 그렇다 |

핵심정리 의사소통능력의 의의 CHECK

1. 의사소통이란 두 사람 또는 그 이상의 사람들 사이에서 의사전달과 상호교류가 이루어진다는 뜻이며, 어떤 개인 또는 집단이 개인 또는 집단에게 정보·감정·사상·의견 등을 전달하고 그것들을 받아들이는 과정이다.

2. 의사소통은 조직 또는 팀의 효율성과 효과성을 성취할 목적으로 이루어지는, 구성원 간의 정보와 지식의 전달 과정으로, 여러 사람의 노력으로 공통의 목표를 추구해 나가는 집단 내의 기본적인 존재 기반이자 성과를 결정하는 핵심 기능이다.

심화자료 & 핵심정리

심화자료를 수록하여 보다 심층적인 학습을 할 수 있도록 하였다.
핵심정리를 수록하여 중요한 내용을 한눈에 파악할 수 있도록 하였다.

OX 문제

01　의사소통은 내가 상대방에게 메시지를 전달하는 과정이다.

02　전문용어는 그 언어를 사용하는 집단 구성원들 사이에 사용될 때에나 조직 밖에서 사용할 때나 똑같이 이해를 촉진시킨다.

03　상대방의 이야기를 들어주는 것과 경청의 의미는 같다.

04　기획서란 회사의 업무에 대한 협조를 구하거나 의견을 전달할 때 작성하는 문서를 말한다.

05　문서의 첨부자료는 반드시 필요한 자료 외에는 첨부하지 않도록 하여야 하며, 문서의 작성시기는 문서가 담고 있어야 하는 내용에 상당한 영향을 미친다.

06　문서에 기록되는 문장은 부정문 형식으로 작성해도 괜찮다.

OX 문제

OX 문제를 수록하여 학습한 내용을 마무리 점검할 수 있도록 하였다.

이 책의 차례 CONTENTS

이 책의 차례 CONTENTS

PART 01
의사소통능력

[01] 의사소통능력의 의의

1 의사소통이란?

① 의사소통의 정의

두 사람 또는 그 이상의 사람들 사이에서 일어나는 의사의 전달과 상호교류를 의미하며, 어떤 개인 또는 집단이 개인 또는 집단에 대해서 정보·감정·사상·의견 등을 전달하고 그것들을 받아들이는 과정을 말한다.

② 성공적인 의사소통의 조건

내가 가진 정보를 상대방이 이해하기 쉽게 표현

+

상대방이 어떻게 받아들일 것인가에 대한 고려

=

의사소통의 정확한 목적을 알고, 의견을 나누는 자세

Point / **의사소통의 중요성**

- 대인관계의 기본이며, 직장생활에서 필수적이다.
- 인간관계는 의사소통을 통해서 이루어지는 상호과정이다.
- 의사소통은 상호 간의 일반적 이해와 동의를 얻기 위한 유일한 수단이다.
- 서로에 대한 지각의 차이를 좁혀 주며, 선입견을 줄이거나 제거해 줄 수 있는 수단이다.

2 의사소통능력의 종류

① 문서적인 의사소통능력

문서이해능력	업무에 대한 다양한 문서를 읽고 핵심을 이해하고, 정보를 획득하며, 수집·종합하는 능력
문서작성능력	목적과 상황에 적합하도록 정보를 전달할 수 있는 문서를 작성하는 능력

② 언어적인 의사소통능력

경청능력	원활한 의사소통을 위해 상대의 이야기를 집중하여 듣는 능력
의사표현능력	자신의 의사를 목적과 상황에 맞게 설득력을 가지고 표현하는 능력

③ 특징

구분	문서적인 의사소통능력	언어적인 의사소통능력
장점	권위감, 정확성, 전달성, 보존성이 높음	유동성이 높음
단점	의미를 곡해함	정확성이 낮음

④ 기초외국어능력

외국어로 된 간단한 자료를 이해하거나 외국인과의 전화 응대, 간단한 대화 등 외국인의 의사표현을 이해하고, 자신의 의사를 기초외국어로 표현할 수 있는 능력을 말한다.

Point 의사소통의 종류

- 고객사에서 보내온 수취확인서 : 문서적인 의사소통
- 수취확인 문의전화 : 언어적인 의사소통
- 업무지시 메모 : 문서적인 의사소통
- 영문 운송장 작성 : 문서적인 의사소통
- 주간 업무보고서 작성 : 문서적인 의사소통

PART 01 의사소통능력 • 3

3 의사소통의 저해요인과 의사소통의 유형

① 의사소통의 저해요인

㉠ 의사소통 기법의 미숙, 표현 능력의 부족, 이해 능력의 부족

㉡ 복잡한 메시지, 경쟁적인 메시지

㉢ 의사소통에 대한 잘못된 선입견

㉣ 기타 요인

정보의 과다, 메시지의 복잡성, 메시지의 경쟁, 상이한 직위와 과업지향성, 신뢰의 부족, 의사소통을 위한 구조상의 권한, 잘못된 의사소통 매체의 선택, 폐쇄적인 의사소통 분위기

② 키슬러의 대인관계 의사소통 유형

유형	특징	제안
지배형	자신감이 있고 지도력이 있으나, 논쟁적이고 독단이 강하여 대인 갈등을 겪을 수 있음	타인의 의견을 경청하고 수용하는 자세가 필요
실리형	이해관계에 예민하고 성취지향적으로 경쟁적이며 자기중심적임	타인의 입장을 배려하고 관심을 갖는 자세가 필요
냉담형	이성적인 의지력이 강하고 타인의 감정에 무관심하며 피상적인 대인관계를 유지함	타인의 감정상태에 관심을 가지고 긍정적 감정을 표현하는 것이 필요
고립형	혼자 있는 것을 선호하고 사회적 상황을 회피하며 지나치게 자신의 감정을 억제함	대인관계의 중요성을 인식하고 타인에 대한 비현실적인 두려움의 근원을 성찰하는 것이 필요
복종형	수동적이고 의존적이며 자신감이 없음	적극적인 자기표현과 주장이 필요
순박형	단순하고 솔직하며 자기주관이 부족함	자기주장을 적극적으로 표현하는 것이 필요
친화형	따뜻하고 인정이 많고 자기희생적이나, 타인의 요구를 거절하지 못함	타인과의 정서적인 거리를 유지하는 노력이 필요
사교형	외향적이고 인정하는 욕구가 강하며 타인에 대한 관심이 많고 쉽게 흥분함	심리적인 안정을 취하고 지나친 인정 욕구에 대한 성찰이 필요

키슬러의 대인관계 의사소통 테스트

전혀 그렇지 않다	약간 그렇다	상당히 그렇다	매우 그렇다
1	2	3	4

문항		1	2	3	4	문항		1	2	3	4
1	자신감이 있다.					21	온순하다.				
2	꾀가 많다.					22	단순하다.				
3	강인하다.					23	관대하다.				
4	쾌활하지 않다.					24	열성적이다.				
5	마음이 약하다.					25	지배적이다.				
6	다툼을 피한다.					26	치밀하다.				
7	인정이 많다.					27	무뚝뚝하다.				
8	명랑하다.					28	고립되어 있다.				
9	추진력이 있다.					29	조심성이 많다.				
10	자기자랑을 잘한다.					30	겸손하다.				
11	냉철하다.					31	부드럽다.				
12	붙임성이 없다.					32	사교적이다.				
13	수줍음이 있다.					33	자기주장이 강하다.				
14	고분고분하다.					34	계산적이다.				
15	다정다감하다.					35	따뜻함이 부족하다.				
16	붙임성이 있다.					36	재치가 부족하다.				
17	고집이 세다.					37	추진력이 부족하다.				
18	자존심이 강하다.					38	솔직하다.				
19	독하다.					39	친절하다.				
20	비사교적이다.					40	활달하다.				

4 의사소통능력의 개발방법과 의사소통전략

① 의사소통능력의 개발

　　㉠ 사후검토와 피드백의 활용

　　㉡ 언어의 단순화

　　㉢ 적극적인 경청

　　㉣ 감정의 억제

② 입장에 따른 의사소통전략

화자의 입장	• 의사소통에 앞서 생각을 명확히 할 것 • 문서를 작성할 때는 주된 생각을 앞에 쓸 것 • 평범한 단어를 쓸 것 • 편견 없는 언어를 사용할 것 • 사실 밑에 깔린 감정을 의사소통할 것 • 비언어적인 행동이 미치는 결과를 이해할 것 • 행동을 하면서 말로 표현할 것 • 피드백을 받을 것
청자의 입장	• 세세한 어휘를 모두 들으려고 노력하기보다는 요점의 파악에 집중할 것 • 말하고 있는 바에 대한 생각과 사전 정보를 동원하여 말하는 바에 몰입할 것 • 모든 이야기를 듣기 전에 결론에 이르지 말고 전체 생각을 청취할 것 • 말하는 사람의 관점에서 진술을 반복하여 피드백할 것 • 들은 내용을 요약할 것

Point 　　**의사소통능력의 개발**

- 전문용어의 사용은 그 언어를 사용하는 집단 구성원들 사이에 사용될 때에는 이해를 촉진시키지만, 조직 밖의 사람들에게 사용했을 때에는 의외의 문제를 야기할 수 있다.
- 상대방의 이야기를 듣는 것은 수동적인 데 반해, 경청은 능동적인 의미의 탐색이므로 둘의 의미는 다르다.
- 피드백은 상대방이 원하는 경우 대인관계에 있어서 그의 행동을 개선할 수 있는 기회를 제공해 줄 수 있다.

1. 의사소통이란 두 사람 또는 그 이상의 사람들 사이에서 의사전달과 상호교류가 이루어진다는 뜻이며, 어떤 개인 또는 집단이 개인 또는 집단에게 정보·감정·사상·의견 등을 전달하고 그것들을 받아들이는 과정이다.

2. 의사소통은 조직 또는 팀의 효율성과 효과성을 성취할 목적으로 이루어지는 구성원 간의 정보와 지식의 전달 과정으로, 여러 사람의 노력으로 공통의 목표를 추구해 나가는 집단 내의 기본적인 존재 기반이자 성과를 결정하는 핵심 기능이다.

3. 의사소통은 제각기 다른 사람들이 서로에 대한 지각의 차이를 좁히며 선입견을 줄이거나 제거할 수 있는 효과적인 수단이다.

4. 성공적인 의사소통을 위해서는 자신이 가진 정보를 상대방이 이해하기 쉽게 표현하는 것도 중요하지만, 상대방이 어떻게 받아들일 것인가를 고려해야 한다.

5. 의사소통능력은 대화, 전화통화, 토론 등을 통해 상호 의사를 표현하고 경청하는 언어적 의사소통능력과 기획서, 편지, 메모 등 문서를 이해하고 이를 바탕으로 글을 작성할 수 있는 문서적 의사소통능력, 그리고 자신의 업무 상황에서 기초외국어로 업무를 수행할 수 있는 기초외국어능력으로 구분할 수 있다.

6. 의사소통을 저해하는 요인은 일방적인 정보 전달로 인한 의사소통 과정에서의 상호작용 부족, 메시지의 복잡성, 메시지의 경쟁, 의사소통에 대한 잘못된 선입견 등이 있다.

7. 의사소통능력을 개발하기 위해서는 사후검토와 피드백을 활용하고, 명확하고 쉬운 단어를 선택하여 이해를 높이고(언어 단순화), 상대방과 대화 시 적극적으로 경청하며 감정적으로 메시지를 곡해하지 않도록 침착하게 감정을 조절해야 한다.

[02] 문서이해능력

1 문서이해능력의 의의와 문서이해의 절차

① 문서이해능력의 의의

ㄱ 문서이해능력이란?

다양한 종류의 문서에서 전달하고자 하는 핵심 내용을 요약·정리하여 이해하고, 문서에서 전달하는 정보의 출처를 파악하여 옳고 그름을 판단하는 능력을 말한다.

ㄴ 문서이해의 필요성

문서이해능력이 부족하면 직업생활에서 본인의 업무를 이해하고 수행하는 데 막대한 지장을 끼친다. 따라서 본인의 업무를 제대로 수행하기 위해 문서이해능력은 필수적이다.

② 문서이해의 절차

문서의 목적을 이해하기

↓

이러한 문서가 작성된 배경과 주제를 파악하기

↓

문서에 쓰여진 정보를 밝혀내고, 문서가 제시하고 있는 현안문제를 파악하기

↓

문서를 통해 상대방의 욕구와 의도 및 내게 요구되는 행동에 대한 내용을 분석하기

↓

문서에서 이해한 목적 달성을 위해 취해야 할 행동을 생각하고 결정하기

↓

상대방의 의도를 도표나 그림 등으로 메모하여 요약·정리하기

2 문서의 종류

① 공문서

- 행정기관에서 공무를 집행하기 위해 작성하는 문서
- 정부기관이 일반회사, 단체로부터 접수하는 문서 및 일반회사에서 정부기관을 상대로 사업을 진행할 때 작성하는 문서
- 엄격한 규격과 양식에 따라 정당한 권리를 가진 사람이 작성함
- 최종 결재권자의 결재가 있어야 문서로서의 기능이 성립함

② 보고서

특정 업무에 대한 현황이나 진행 상황 또는 연구·검토 결과 등을 보고할 때 작성하는 문서이다.

종류	내용
영업보고서	영업상황을 문장 형식으로 기재해 보고하는 문서
결산보고서	진행됐던 사안의 수입과 지출결과를 보고하는 문서
일일업무보고서	매일의 업무를 보고하는 문서
주간업무보고서	한 주간에 진행된 업무를 보고하는 문서
출장보고서	출장 후 외부 업무나 그 결과를 보고하는 문서
회의보고서	회의 결과를 정리해 보고하는 문서

③ 설명서

상품의 특성이나 사물의 성질과 가치, 작동 방법이나 과정을 소비자에게 설명하는 것을 목적으로 작성하는 문서이다.

종류	내용
상품소개서	• 일반인들이 내용을 쉽게 이해하도록 하는 문서 • 소비자에게 상품의 특징을 잘 전달해 상품을 구입하도록 유도함
제품설명서	• 제품의 특징·활용도를 세부적으로 언급하는 문서 • 제품의 사용법에 대해 알려 주는 것이 주목적임

④ 비즈니스 메모

업무상 필요한 중요한 일이나 앞으로 체크해야 할 일이 있을 때 필요한 내용을 메모 형식으로 작성하여 전달하는 글이다.

종류	내용
전화 메모	• 업무적인 내용부터 개인적인 전화의 전달사항을 간단히 작성하여 당사자에게 전달하는 메모 • 스마트폰의 발달로 현저히 줄어듦
회의 메모	• 회의에 참석하지 못한 구성원에게 회의 내용을 적어 전달하거나 참고자료로 남기기 위해 작성한 메모 • 업무 상황 파악 및 업무 추진에 대한 궁금증이 있을 때 핵심적인 자료
업무 메모	• 개인이 추진하는 업무나 상대의 업무 추진 상황을 기록하는 메모

⑤ 비즈니스 레터(E-mail)

- 사업상의 이유로 고객이나 단체에 편지를 쓰는 것
- 직장업무나 개인 간의 연락, 직접 방문하기 어려운 고객관리 등을 위해 사용되는 비공식적 문서
- 제안서나 보고서 등 공식적인 문서를 전달하는 데도 사용됨

⑥ 기획서

상대방에게 기획의 내용을 전달하여 해당 기획안을 시행하도록 설득하는 문서이다.

⑦ 기안서

업무에 대한 협조를 구하거나 의견을 전달할 때 작성하며, 흔히 사내 공문서로 불린다.

⑧ 보도자료

정부기관, 기업체, 단체 등이 언론을 상대로 자신들의 정보가 기사로 보도되도록 하기 위해 보내는 자료이다.

⑨ 자기소개서

개인의 가정환경과 성장과정, 입사 동기와 근무자세 등을 구체적으로 기술하여 자신을 소개하는 문서이다.

언제 어디서든 메모하라.
머릿속에 떠오른 생각은 그 자리에서 바로 기록하는 것이 메모의 법칙이다.

주위 사람들을 관찰하라.
독자적인 방법을 고안할 능력이 있다면 자신만의 방법을 터득하면 되지만, 그럴 능력이 없다면 우선 눈에 보이는 것부터 시작하는 것이 최우선이다. 즉, 일을 잘하는 사람의 방법을 보고 배우는 것이다.

기호와 암호를 활용하라.
메모할 때 반드시 '글자'만 쓰란 법은 없다. 자신이 보고 무슨 내용인지 알 수 있으면 된다. 중요한 것은 자신만의 메모 흐름을 만드는 것이다.

중요 사항은 한눈에 띄게 하라.
메모하는 방법에는 정답이 없다. 시간이 지난 후 다시 검토했을 때 중요한 부분이 한눈에 들어오는 것이 좋은 메모이다.

메모하는 시간을 따로 마련하라.
하루에 한 번이라도 수첩과 펜을 드는 습관이 생기면 특별히 노력하지 않아도 자연스럽게 메모하게 된다.

메모를 데이터베이스로 구축하라.
메모는 어떤 형태로든 남겨두면 훗날 효력을 발휘한다. 데이터베이스를 만드는 가장 중요한 목적은 '정리한 후 잊어버리자!'이다.

메모를 재활용하라.
이전에 기록한 메모를 다시 읽어 보면, 당시에는 느끼지 못했거나 생각하지 못했던 부분에서 새로운 아이디어를 얻을 수 있다.

출처 : 인터넷 교보문고, 출판사 서평

1. 문서란 문자로 작성된 제안서, 보고서, 기획서, 편지, 이메일, 팩스, 메모, 공지 사항 등을 말한다. 사람들은 일상생활에서는 물론 다양한 직업현장에서 여러 종류의 문서를 자주 사용한다. 그리고 이런 문서를 통해 상대방과 효과적으로 의사소통을 함으로써 자신의 의사를 상대방에게 설득시키거나 상대방의 의견 을 오해하지 않고 이해하고자 한다.

2. 문서이해능력이란 다양한 종류의 문서에서 전달하고자 하는 핵심 내용을 요약·정리하여 이해하고, 문서에서 전달하는 정보의 출처를 파악하여 옳고 그름을 판단하는 능력이다.

3. 업무과정에서 자신에게 주어진 각종 문서를 읽고 적절히 이해하여야 하며, 각종 문서나 자료에 수록된 정보를 확인하여 유용한 정보를 구분하고 비교하여 통합 할 수 있어야 한다. 또한 문서에서 주어진 문장을 통해 정보를 이해하여 자신에 게 필요한 내용이 무엇인지 추론할 수 있어야 한다. 더불어 도표, 수, 기호 등도 이해하고 표현할 수 있어야 한다.

4. 각종 분야에서 사용하는 문서의 종류는 매우 다양하다. 이렇게 다양한 문서를 얼마나 빨리 이해하여 업무에 적용하여 능숙하게 처리하느냐가 업무 성과를 좌 우한다. 그러므로 자신에게 필요한 문서가 무엇인지 파악하여 그에 요구되는 문서이해능력을 키우는 것은 매우 중요하다.

5. 업무를 하는 동안 주어진 문서를 빠르고 정확하게 이해하기 위해 문서를 이해하 는 구체적인 절차를 이해하고, 본인에게 적합한 문서 정보 정리 방식을 찾아 실제로 활용할 수 있도록 부단히 연습해야 한다.

[03] 문서작성능력

1 문서작성능력의 의의

① 문서작성의 의의

○ 문서의 의미

제안서·보고서·기획서·편지·메모·공지사항 등 문자로 구성된 것을 지칭하며, 일상생활뿐만 아니라 직장생활에서도 다양한 문서를 자주 사용한다.

○ 문서작성의 목적

상대를 설득하거나 조직의 의견을 전달하고자 한다.

○ 문서의 구성요소

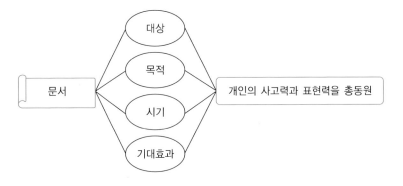

② 문서작성 시 주의사항

- 육하원칙에 의해 작성할 것
- 문서의 작성시기에 맞게 작성할 것
- 한 사안을 한 장의 용지에 작성할 것
- 제출 전 반드시 최종점검할 것
- 반드시 필요한 자료만 첨부할 깃
- 금액, 수량, 일자는 정확하게 기재할 것
- 경어나 단어 사용에 신중을 기할 것

2 문서작성의 실제

① 상황에 따른 문서의 작성

상황	내용
요청이나 확인	• 공문서 형식 • 일정한 양식과 격식을 갖추어 작성
정보 제공	• 홍보물, 보도자료, 설명서, 안내서 • 시각적인 정보의 활용 • 신속한 정보 제공
명령이나 지시	• 업무 지시서 • 명확한 지시사항이 필수적
제안이나 기획	• 제안서, 기획서 • 종합적인 판단과 예견적인 지식이 필요
약속이나 추천	• 제품의 이용에 대한 정보 • 입사지원, 이직 시 작성

② 문서의 종류에 따른 작성법

ㄱ 공문서

- '누가, 언제, 어디서, 무엇을, 어떻게(왜)'가 드러나도록 작성한다.
- 날짜는 연도와 월일을 반드시 함께 언급한다.
- 날짜 다음에 괄호를 사용할 때는 마침표를 찍지 않는다.
- 내용이 복잡할 경우 '−다음−', '−아래−'와 같은 항목을 만들어 구분한다.
- 한 장에 담아내는 것이 원칙이다.
- 마지막엔 반드시 '끝' 자로 마무리한다.
- 대외문서이고 장기간 보관되는 문서이므로 정확하게 기술한다.

ㄴ 설명서

- 간결하게 작성한다.
- 전문용어의 사용은 가급적 삼간다.
- 복잡한 내용은 도표화한다.
- 명령문보다 평서형으로, 동일한 표현보다는 다양한 표현으로 작성한다.
- 글의 성격에 맞춰 정확하게 기술한다.

ⓒ 기획서

- 무엇을 위한 기획서인지, 핵심 메시지가 정확히 도출되었는지 확인한다.
- 상대가 요구하는 것이 무엇인지 고려하여 작성한다.
- 글의 내용이 한눈에 파악되도록 목차를 구성한다.
- 분량이 많으므로 핵심 내용의 표현에 유념한다.
- 효과적인 내용 전달을 위해 표나 그래프를 활용한다.
- 제출하기 전에 충분히 검토한다.
- 인용한 자료의 출처가 정확한지 확인한다.

ⓓ 보고서

- 핵심 내용을 구체적으로 제시한다.
- 간결하고 핵심적인 내용의 도출이 우선이므로 내용의 중복을 피한다.
- 독자가 궁금한 점을 질문할 것에 대비한다.
- 산뜻하고 간결하게 작성한다.
- 도표나 그림은 적절히 활용한다.
- 참고자료는 정확하게 제시한다.
- 개인의 능력을 평가하는 기본 자료이므로 제출하기 전 최종점검을 한다.

3 문서표현의 시각화

① 시각화의 구성요소

문서의 내용을 시각화하기 위해서는 전하고자 하는 내용의 개념이 명확해야 하고, 수치 등의 정보는 그래프 등을 사용하여 시각화하며, 특히 강조하여 표현하고 싶은 내용은 도형을 이용할 수 있다.

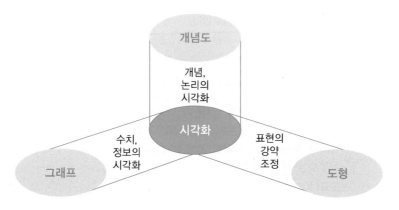

② 문서를 시각화하는 네 가지 포인트

- 보기 쉬워야 한다.
- 이해하기 쉬워야 한다.
- 다채롭게 표현되어야 한다.
- 숫자는 그래프로 표시되어야 한다.

③ 시각화 방법

종류	내용
차트 시각화	데이터 정보를 쉽게 이해할 수 있도록 시각적으로 표현하며, 주로 통계 수치 등을 도표나 차트를 통해 명확하고 효과적으로 전달
다이어그램 시각화	개념이나 주제 등 중요한 정보를 도형, 선, 화살표 등 여러 상징을 사용하여 시각적으로 표현
이미지 시각화	전달하고자 하는 내용을 관련 그림이나 사진 등으로 표현

1. 업무에서의 문서작성은 업무에 대하여 조직의 비전을 실현시키는 과정으로, 조직의 생존을 위한 필수 행위라 할 수 있다. 그렇기 때문에 문서작성은 개인의 의사표현이나 의사소통을 위한 과정일 수도 있지만, 이를 넘어 조직의 사활이 걸린 중요 업무이기도 하다.

2. 문서는 문서를 작성하는 목표를 명확하게 한 이후에 작성해야 한다. 즉, 문서를 작성하는 이유와 문서를 통해 전달하려는 내용이 분명해야 한다. 문서작성에는 문서의 대상, 목적, 시기가 포함되어야 하며, 기획서나 제안서 등 문서 종류에 따라 기대효과 등이 포함되어야 한다.

3. 문서는 상황과 목적에 맞는 체계적인 구조로 작성되어야 한다. 업무에서 요구되는 문서는 요청이나 확인을 부탁하는 경우, 정보 제공을 위한 경우, 명령이나 지시가 필요한 경우, 제안이나 기획을 할 경우, 약속이나 추천을 위한 경우 등 작성해야 하는 상황에 따라 내용이 결정된다.

4. 모든 문서에는 그에 맞는 문서작성 원칙과 주의사항이 있다. 업무에서의 문서작성은 일반 글에 비해 형식적인 면을 상당히 중요시한다. 그러므로 문장 구성은 이해를 위해 간결한 긍정문으로 작성하고, 문서의 주요 내용을 먼저 쓰며 간단한 표제를 붙이는 것이 좋다. 또한 작성시기를 분명하게 기록하고 관련 없는 자료는 첨부하지 않으며, 문서작성 후 반드시 내용을 재검토해야 한다.

5. 내용을 효과적으로 전달할 수 있어야 좋은 문서이다. 문서의 내용이 효과적으로 전달될 수 있도록 보기 쉽고 이해하기 쉬우며, 숫자나 그래프 등으로 다채롭게 표시된 문서가 잘 작성된 문서라 할 수 있다.

[04] 경청능력

1 경청능력의 의의

① 경청능력이란?

㉠ 경청의 의미

상대방이 보내는 메시지에 주의를 기울이고 이해를 위해 노력하는 행동을 말한다.

㉡ 경청의 효과

대화의 상대방이 안도감을 느끼고 믿음을 갖게 되며, 이 효과로 인해 말과 메시지, 감정이 효과적으로 상대방에게 전달된다.

② 경청의 중요성

| 경청을 통해 | + | 대화의 상대방을(의) | ⇒ | • 한 개인으로 존중하게 된다.
• 성실한 마음으로 대하게 된다.
• 입장에 공감하며 이해하게 된다. |

③ 올바른 경청의 방해요인

요인	내용
짐작하기	상대방의 말을 듣고 받아들이기보다 자신의 생각에 들어맞는 단서들을 찾아 자신의 생각을 확인하는 것
대답할 말 준비하기	자신이 다음에 할 말을 생각하기에 바빠서 상대방이 말하는 것을 잘 듣지 않는 것
걸러내기	상대방의 말을 듣기는 하지만 상대방의 메시지를 온전하게 듣지 않는 것
판단하기	상대방에 대한 부정적인 판단 때문에 또는 상대방을 비판하기 위해 상대방의 말을 듣지 않는 것
언쟁하기	단지 반대하고 논쟁하기 위해서만 상대방의 말에 귀를 기울이는 것
조언하기	본인이 다른 사람의 문제를 지나치게 해결해 주고자 하는 것으로, 말끝마다 조언하려고 끼어들면 상대방은 제대로 말을 끝맺을 수 없음
자존심 세우기	자존심이 강한 사람에게서 나타나는 태도로, 자신의 부족한 점에 대한 상대방의 말을 듣지 않으려 함
슬쩍 넘어가기	문제를 회피하려 하거나 상대방의 부정적 감정을 회피하기 위해서 유머 등을 사용하는 것으로, 이로 인해 상대방이 진정한 고민을 놓치게 됨
비위 맞추기	상대방을 위로하기 위해서 너무 빨리 동의하는 것으로, 상대방에게 자신의 생각이나 감정을 충분히 표현할 시간을 주지 못하게 됨

2 효과적인 경청방법

① 적극적 경청과 소극적 경청

적극적 경청	상대의 말에 집중하고 있음을 행동을 통해 표현하며 듣는 것으로, 질문이나 확인, 공감 등으로 표현됨
소극적 경청	상대의 말에 특별한 반응 없이 수동적으로 듣는 것

② 적극적 경청을 위한 태도

- 비판적 · 충고적인 태도를 버린다.
- 상대방이 말하고 있는 의미 전체를 이해한다.
- 단어 이외의 표현에도 신경을 쓴다.
- 경청하고 있다는 것을 표현한다.
- 감정을 흥분시키지 않는다.

③ 효과적인 경청을 위한 트레이닝

종류	내용
준비	미리 나누어 준 계획서 등을 읽어 강연 등에 등장하는 용어에 친숙해질 필요가 있음
집중	말하는 사람의 속도와 말을 이해하는 속도 사이에 발생하는 간격을 메우는 방법을 학습해야 함
예측	대화를 하는 동안 시간 간격이 있으면 다음에 무엇을 말할 것인가를 추측하려고 노력해야 함
연관	상대방이 전달하려는 메시지가 무엇인가를 생각하고, 자신의 삶이나 목적, 경험과 관련지어 보는 습관이 필요함
질문	질문에 대한 답이 즉각적으로 이루어질 수 없다고 하더라도 질문을 하려고 하면 경청하는 데 적극적이게 되고, 집중력이 높아지게 됨
요약	대화 도중에 주기적으로 대화의 내용을 요약하면 상대방이 전달하려는 메시지를 이해하고, 사상과 정보를 예측하는 데 도움이 됨
반응	상대방에 대한 자신의 지각이 옳았는지 확인할 수 있으며, 상대방에게 자신이 정확하게 의사소통을 하였는가에 대한 정보를 제공함

대인관계, 습관, 성과 창출, 나아가 인생의 모든 것은 분명한 의도를 가져야 제대로 변한다. 의도를 가지고 내 마음을 알아 주면 내가 변하고, 상대의 마음을 들어 주면 상대가 변한다. 생각(Thought), 감정(Emotion), 갈망(Desire)을 한 세트(TED)로 마음을 알아봐 주면 된다.

다음 세 가지 질문이면 마음을 알아차리는 일이 가능하다.
첫째, 지금 어떤 감정이 느껴지십니까? [감정]
둘째, 그 감정은 어떤 생각에서 비롯되었습니까? [생각]
셋째, 그래서 지금 원하는 것이 무엇입니까? [갈망]

코칭은 누군가를 가르치는 것도 아니고, 이끄는 것도 아니다. 그저 있는 그대로 그 사람의 가치를 믿고 인정해 주어 스스로 잠재력을 일깨울 수 있도록 옆에서 돕는 일을 말한다. 세상 모든 일은 상대적이어서 누군가를 믿지 못한다는 건 나도 상대에게 믿음을 주지 못한 것과 다름없다.

1단계 경청
상대가 하는 이야기를 잘 듣고 그 사람이 말하는 핵심 단어를 마치 복사하듯이 그대로 되묻는다.

2단계 경청
되물은 질문에 상대방이 답을 하면 이번에도 집중해서 듣고 다시 한번 핵심을 짚어서 되묻는다.

3단계 경청
그 사람이 하는 이야기를 타고 들어가면서 강조하는 단어의 의미를 묻는다.

출처 : 인터넷 교보문고, 출판사 서평

3 경청훈련

① 대화법을 통한 경청훈련

ㄱ 주의 기울이기

바라보기, 듣기, 따라하기가 이에 해당하며, 산만한 행동은 중단하고 비언어적인 것, 즉 상대방의 얼굴과 몸의 움직임뿐만 아니라 호흡하는 자세까지도 주의하여 관찰해야 한다.

ㄴ 상대방의 경험을 인정하고 더 많은 정보 요청하기

화자가 인도하는 방향으로 따라가고 있다는 것을 언어적·비언어적인 표현을 통하여 상대방에게 알려 주는 것은 상대방이 더 많은 것을 말할 수 있는 수단이 된다.

ㄷ 정확성을 위해 요약하기

상대방에 대한 자신의 이해의 정확성을 확인할 수 있게 하며, 자신과 상대방의 메시지를 공유할 수 있도록 한다.

ㄹ 개방적인 질문하기

단답형의 대답이나 반응보다 상대방의 다양한 생각을 이해하고, 상대방으로부터 보다 많은 정보를 얻기 위한 방법이다.

ㅁ '왜?'라는 질문 피하기

'왜?'라는 질문은 보통 진술을 가장한 부정적·추궁적·강압적인 표현이므로 사용하지 않는 것이 좋다.

② 공감적 태도와 공감적 반응

공감적 태도	상대방이 하는 말을 상대방의 관점에서 이해하고 느끼는 것으로, 성숙한 인간 관계를 유지하기 위해 필요
공감적 반응	상대방의 이야기를 그의 관점에서 이해하며, 말 속에 담겨 있는 감정과 생각에 민감하게 반응

상대방의 흠을 잡는 단어
순전히 노력 부족이야. 어린애 같은 유치한 행동이야. 전혀 도움이 되지 않아. 도대체가 생각이 없어. 머리를 써라. 도대체 제대로 하는 게 없어 등

인간성에 초점을 맞추는 것
어리석다. 미쳤다. 이기적이다. 게으르다. 쓸모 없다. 너는 구제불능이야. 돌대가리. 병신. 바보. 멍청이 등

비난하고 판단하는 식
당신은 꼭 늦게 들어와 저녁 시간을 망치는군요.

과거의 일
예전에 그때도 지금처럼 너 혼자만을 생각했잖아. 넌 항상 그래.

부정적인 비교
너는 누구를 닮았니? 피는 못 속여.

위협
당신이 잘못했으니까 내가 당신을 처벌할 거야.

감정적 공격
(목소리가 커지고 비꼬기도 하고 차갑게 적대적인 억양으로) 그럼 그렇지.

일부만 이야기하는 것
당신은 일하는 데 너무 많은 시간을 보내는 것 같아요.
→ 아내는 남편의 건강을 염려하는 것인데, 남편은 아내가 함께 있어 주지 않는 것에 대한 불만을 표시하는 것이라 오해하여 아내가 자신의 입장을 이해 못한다고 짜증을 부리게 된다.

분명하게 말하지 않는 것
당신은 언제나 그렇듯이 말이 없군요.
→ '당신 오늘도 말이 별로 없군요. 나한테 관심이 없다고 생각이 돼서 속상해요. 당신이 무슨 생각을 하고 있는지 말을 해 주었으면 좋겠어요.'라는 의미를 내포하고 있다.

01

1. 경청은 상대방이 보내는 메시지 내용에 주의를 기울이고 이해를 위해 노력하는 행동을 의미한다. 경청을 통해 상대방은 우리가 그들에게 얼마나 집중하고 있는지 알 수 있다.

2. 적극적 경청은 자신이 상대의 이야기에 주의를 집중하고 있다는 것을 행동을 통해 외적으로 표현하며 듣는 것을 의미한다. 소극적 경청은 상대방의 이야기에 특별한 반응을 표현하지 않고 수동적으로 듣는 것을 의미한다.

3. 올바른 경청을 방해하는 열 가지 요인은 다음과 같다.
   ❶ 짐작하기
   ❷ 대답할 말 준비하기
   ❸ 걸러내기
   ❹ 판단하기
   ❺ 다른 생각하기
   ❻ 조언하기
   ❼ 언쟁하기
   ❽ 자존심 세우기
   ❾ 슬쩍 넘어가기
   ❿ 비위 맞추기

4. 대화를 통한 경청훈련은 다음에 중점을 둔다.
   ❶ 주의를 기울여야 한다.
   ❷ 상대방의 경험을 인정하고 더 많은 정보를 요청한다.
   ❸ 정확성을 위해 요약한다.
   ❹ 개방적인 질문을 한다.
   ❺ '왜?'라는 질문을 피한다.

[05] 의사표현능력

1 의사표현능력의 의의

① **의사표현능력이란?**

　㉠ 의사표현의 의미

　　말하는 이가 자신의 생각과 감정을 듣는 이에게 음성언어나 신체언어로 표현하는 행위를 말한다.

　㉡ 의사표현의 종류

종류	내용
공식적 말하기	사전에 준비된 내용을 대중을 상대로 하여 말하는 것 예 연설, 토의, 토론 등
의례적 말하기	정치적 행사에서와 같이 절차에 따라 말하는 것 예 식사, 주례, 회의 등
친교적 말하기	매우 친근한 사람들 사이에서 이루어지는 것으로, 자연스런 상황에서 떠오르는 대로 주고받으며 말하는 것

② **의사표현의 중요성**

언어에 의해 그려지는 이미지로 인해 자신의 이미지가 형상화될 수 있다. 즉, 자신이 자주 하는 말로 자신의 이미지가 결정된다는 것이다.

2 효과적인 의사표현법

종류	내용
지적	• 충고나 질책의 형태로 나타낼 것 • '칭찬 – 질책 – 격려'의 샌드위치 화법을 사용할 것 • 충고는 최후의 수단이므로 은유적으로 접근할 것
칭찬	• 대화 서두의 분위기 전환용으로 사용할 것 • 상대에 어울리는 중요한 내용을 포함할 것
요구	• 부탁 : 구체적으로 부탁하며, 거절을 당해도 싫은 내색을 하지 않을 것 • 업무상 지시, 명령 : 강압적 표현보다는 청유식 표현을 활용할 것
거절	• 거절에 대한 사과와 함께 응할 수 없는 이유를 설명할 것 • 단호하게 거절하지만, 정색하는 태도는 지양할 것
설득	• 강요는 금물 • 문 안에 한 발 들여놓기 기법 • 얼굴 부딪히기 기법

Point 설득 기법

• 문 안에 한 발 들여놓기 기법(Foot in the Door Technique) : 말하는 이가 요청하고 싶은 도움이 100이라면 처음에는 상대방이 'Yes'라고 할 수 있도록 50이나 60 정도로 부탁을 하고, 점차 도움의 내용을 늘려서 상대방의 허락을 유도하는 방법이다.

• 얼굴 부딪히기 기법(Door in the Face Technique) : 말하는 이가 원하는 도움의 크기가 50이라면 처음에 100을 상대방에게 요청하고 거절을 유도하는 것이다. 이후 이미 한 번 도움을 거절한 듣는 이는 말하는 이에게 미안한 마음을 가지게 되고, 좀 더 작은 도움을 요청받으면 미안한 마음을 보상하기 위해 100보다 작은 요청을 허락하게 된다.

[06] 기초외국어능력

1 기초외국어능력의 의의

① 기초외국어능력이란?

우리만의 언어가 아닌 세계의 언어로 의사소통을 가능하게 하는 능력을 말한다.

② 외국인과의 비언어적 의사소통

ㄱ 표정으로 알아채기

웃는 표정은 행복과 만족, 친절을 표현하는 데 비해, 눈살을 찌푸리는 표정은 불만족과 불쾌를 나타낸다. 또한 눈을 마주 쳐다보는 것은 흥미와 관심이 있음을, 그리고 그렇게 하지 않음은 무관심을 말해 준다.

ㄴ 음성으로 알아채기

어조가 높으면 적대감이나 대립감을 나타내고, 낮으면 만족이나 안심을 나타낸다. 목소리가 커졌으면 내용을 강조하는 것이거나 흥분, 불만족 등의 감정 상태를 표현하는 것이다. 또한 말의 속도와 리듬이 매우 빠르거나 짧으면 공포나 노여움을 나타내는 것이며, 너무 자주 말을 멈추면 결정적인 의견이 없음을 의미하거나 긴장 또는 저항을 의미한다.

2 외국인과의 의사소통에서 피해야 할 행동

- 상대를 볼 때 흘겨보거나 노려보거나 아예 보지 않는 것
- 팔이나 다리를 꼬는 것
- 표정이 없는 것
- 다리를 흔들거나 펜을 돌리는 것
- 맞장구를 치지 않거나 고개를 끄덕이지 않는 것
- 생각 없이 메모하는 것
- 자료만 들여다 보는 것
- 바르지 못한 자세로 앉는 것
- 한숨, 하품, 신음소리를 내는 것
- 다른 일을 하며 듣는 것
- 상대방에게 이름이나 호칭을 어떻게 부를지 묻지 않고 마음대로 부르는 것

각국의 보디랭귀지

보디랭귀지	국가	의미
O	영어권	좋다, Great
	프랑스	제로, 무(無)
	일본	돈
	지중해	동성연애
	브라질	외설적 표현
엄지 세우기	공통	권력, 우월, 지배, 최고
	영국, 호주, 뉴질랜드	자동차 세우기
	그리스	저리 가, 꺼져
	유럽	비웃기
가운데 손가락	공통	외설
머리 긁기	서양	비듬, 가려움
	동양	미안함, 답답함
입 가리기	서양	거짓말
	동양	창피
귀 움직이기	인도	후회
	브라질	칭찬
고개 끄덕	불가리아, 그리스	No
	기타	Yes
옆으로 고개 흔들기	네팔	Yes
	기타	No
손가락 교차	유럽	경멸
	브라질	행운
손바닥 아래·위로 흔들기	미국	Bye(헤어질 때 인사)
	유럽	No
	그리스	모욕

01 의사소통은 내가 상대방에게 메시지를 전달하는 과정이다.

02 전문용어는 그 언어를 사용하는 집단 구성원들 사이에 사용될 때에나 조직 밖에서 사용할 때나 똑같이 이해를 촉진시킨다.

03 상대방의 이야기를 들어주는 것과 경청의 의미는 같다.

04 기획서란 회사의 업무에 대한 협조를 구하거나 의견을 전달할 때 작성하는 문서를 말한다.

05 문서의 첨부자료는 반드시 필요한 자료 외에는 첨부하지 않도록 하여야 하며, 문서의 작성시기는 문서가 담고 있어야 하는 내용에 상당한 영향을 미친다.

06 문서에 기록되는 문장은 부정문 형식으로 작성해도 괜찮다.

07 다이어그램 시각화란 개념이나 주제 등 중요한 정보를 도형, 선, 화살표 등 여러 상징을 사용하여 시각적으로 표현하는 시각화 방식이다.

08 경청은 상대방으로 하여금 개방적이고 솔직한 의사소통을 하도록 촉진하는 기능을 가진다.

09 개방적인 질문은 상대방의 다양한 생각을 이해하게 도와준다.

10 의사표현의 종류에는 공식적인 말하기와 의례적인 말하기가 있으며, 친구들 끼리의 친교적 대화는 포함되지 않는다.

01 × 02 × 03 × 04 × 05 ○ 06 × 07 ○ 08 ○ 09 ○ 10 ×

01 의사소통은 내가 상대방에게 메시지를 전달하는 과정이 아니라 상대방과의 상호작용을 통해 메시지를 다루는 과정이다.

02 전문용어의 사용은 그 언어를 사용하는 집단 구성원들 사이에 사용될 때에는 이해를 촉진시키지만, 조직 밖의 사람들에게 예를 들어 고객에게 사용했을 때에는 의외의 문제를 야기할 수 있기 때문에 의사소통을 할 때 단어 선택에 주의를 기울여야 한다.

03 듣는 것은 수동적인 데 반해, 경청은 능동적인 의미의 탐색이므로 이야기를 들어주는 것과 경청의 의미는 다르다.

04 기안서에 대한 설명이다. 기획서란 상대방에게 기획의 내용을 전달하여 기획을 시행하도록 설득하는 문서를 말한다.

06 문장은 긍정문의 형식으로 작성해야 한다.

10 의사표현의 종류는 상황이나 사태에 따라 공식적 말하기, 의례적 말하기, 친교적 말하기로 구분한다. 구체적으로 대화, 토론, 보고, 연설, 인터뷰, 낭독, 구연, 소개하기, 전화로 말하기, 안내하는 말하기 등이 있다. 따라서 친구들끼리의 친교적 대화도 포함된다.

11 상대방의 잘못을 지적할 때는 샌드위치 화법으로 칭찬과 격려를 같이 사용한다.

12 상대방에게 부탁해야 할 때는 상대방의 사정은 고려하지 않고 일단 자신의 요구사항부터 제시해야 한다.

13 효과적인 의사표현을 위해서는 말하는 이가 자신이 전달하고 싶은 메시지가 무엇인지 분명하게 인식해야 한다.

14 누구에게나 똑같은 상황에서 기초외국어능력이 필요하다.

15 외국인과의 의사소통 시 자주 말을 중지하는 것은 결정적인 의견이 없음을 의미하거나 긴장 또는 저항을 의미한다.

16 의사소통은 어떠한 상황에서도 자신의 의견을 상대방에게 주장할 수 있도록 한다.

17 기초외국어능력은 외국인과의 유창한 의사소통능력을 말한다.

18 '의사소통 과정에서의 상호작용 부족', '분명하지 않은 메시지', '말하지 않아도 아는 문화에 안주하는 마음' 등은 의사소통의 저해요인에 해당한다.

19 설명서는 정확한 내용 전달을 위해 명령문으로 작성한다.

20 효과적인 경청을 위해서는 상대방의 말을 적당히 걸러내며 듣는 것이 필요하다.

11 ○ 12 × 13 ○ 14 × 15 ○ 16 × 17 × 18 ○ 19 × 20 ×

12 상대방에게 부탁할 때는 먼저 상대방이 그 부탁을 들어줄 수 있는지 상황부터 확인해야 한다.

14 외국인과 함께 일하는 국제 비즈니스에서는 의사소통이 매우 중요하므로 자신이 속한 조직의 목적을 달성하기 위해 외국인을 설득하거나 이해시키는 것이 필요하다. 하지만 이런 설득이나 이해의 과정이 모든 업무에서 똑같이 이뤄지는 것은 아니다.

16 공통의 목표를 추구해야 하는 조직 특성상 자신의 생각과 느낌만을 표현하는 것은 의사소통의 기능이 아니다. 오히려 의사소통은 구성원들 간의 생각의 차이를 좁혀 주는 수단이 된다.

17 기초외국어능력은 일 경험 중에 필요한 공문서, 기계 설명서 등 문서이해나 문서작성, E-mail과 전화 응대 등 의사표현과 같은 기초적인 의사소통을 기초적인 외국어로 가능하게 하는 능력을 말한다.

19 설명서는 명령문이 아닌 평서문으로 작성해야 한다.

20 상대방의 말을 듣기는 하지만 듣는 사람이 임의로 그 내용을 걸러내며 들으면 상대방의 의견을 제대로 이해할 수 없다.

MEMO

PART 02
수리능력

PART 02 수리능력

[01] 수리능력의 의의

■ 수리능력의 기초

① 수리능력이란?

사칙연산과 기초적인 통계를 이해하고, 도표의 의미를 파악하거나 도표를 이용해서 결과를 효과적으로 제시하는 능력을 의미한다.

② 수리능력의 분류

분류	내용
기초연산능력	기초적인 사칙연산과 계산방법을 이해하고 활용하는 능력
기초통계능력	평균, 합계와 같은 기초적인 통계기법을 활용하여 자료의 특성과 경향성을 파악하는 능력
도표분석능력	도표의 의미를 파악하고, 필요한 정보를 해석하는 능력
도표작성능력	자료를 이용하여 도표를 효과적으로 제시하는 능력

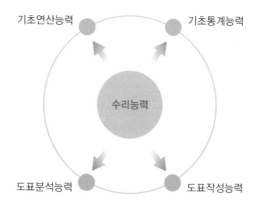

2 도표의 분석 및 작성

① 도표의 의의

내용을 선·그림·원 등으로 시각화하여 표현하는 것이며, 한눈에 내용을 파악할 수 있다는 데 그 특징이 있다.

② 도표 작성의 목적

ㄱ 타인에 대한 보고·설명 : 회의에서의 설명, 상급자에게 보고

ㄴ 현재의 상황분석 : 상품별 매출액의 경향

ㄷ 관리목적 : 진도표

③ 도표 작성 시 주의사항

- 보기 쉽게 깨끗이 그린다.
- 하나의 도표에 여러 가지 내용을 넣지 않는다.
- 특별히 순서가 정해 있지 않는 것은 큰 것부터, 왼쪽에서 오른쪽으로, 또는 위에서 아래로 그린다.
- 눈금의 간격을 부적절하게 설정할 경우 수치가 왜곡될 수 있으므로 주의한다.
- 수치를 생략할 경우에는 잘못 이해하는 경우가 생기니 주의한다.
- 컴퓨터에 의한 전산 그래프를 최대한 이용한다.

④ 도표 해석 시 필요한 단위의 환산

종류	단위 환산
길이	$1cm=10mm$, $1m=100cm$, $1km=1,000m$
넓이	$1cm^2=100mm^2$, $1m^2=10,000cm^2$, $1km^2=1,000,000m^2$
부피	$1cm^3=1,000mm^3$, $1m^3=1,000,000cm^3$, $1km^3=1,000,000,000m^3$
들이	$1m\ell=1cm^3$, $1d\ell=100cm^3=100m\ell$, $1\ell=1,000cm^3=10d\ell$
무게	$1kg=1,000g$, $1t=1,000kg=1,000,000g$
시간	1분=60초, 1시간=60분=3,600초
할푼리	1푼=0.1할, 1리=0.01할, 1모=0.001할

단위를 착각하면 어떤 일이 일어날까?

1999년 4월 15일, 대한항공 화물기가 중국 상하이 홍차오 국제공항 인근 아파트 공사현장에서 추락했다. 상하이 홍차오 국제공항을 떠나 김포 국제공항으로 돌아오려던 대한항공 6316편은 이륙한 지 6분여 만에 추락한 것이다. 블랙박스 감정과 사고조사 위원회의 조사결과 추락원인은 미터(m)를 피트(ft)로 착각한 것이 원인이었다. 관제탑의 "900m(약 2900ft)로 고도를 높이라."는 지시를 조종사들이 '900ft(약 275m)'로 잘못 알아듣고, 높여야 할 고도를 낮췄기 때문이다. 당시 사고로 탑승자 3명 전원과 공사장 인부 등 8명이 숨지고, 공사 중이던 아파트 건물 4동이 파괴되는 등 큰 피해가 발생했다.

같은 해 우주에서도 비슷한 비극이 일어났다. 1999년 9월 무인 화성 기후탐사선(MCO)이 화성 궤도에서 폭발한 것이다. 당시 사고는 MCO 제작사인 미국의 록히드 마틴이 탐사선의 점화 데이터를 야드(yd)로 작성했지만, 미항공우주국(NASA)의 제트추진연구소(JPL)는 이를 미터(m)로 착각해 발생한 것으로 밝혀졌다. 이 때문에 NASA가 MCO를 예정보다 100km 낮은 궤도로 진입시켰고, MCO는 화성 대기와 마찰을 일으키면서 폭발했다. 이 사고로 NASA는 1억 2,500만 달러(한화 1,300억 원)를 날렸고, 이후 NASA는 단위를 미터(m)로 통일했다.

출처 : 아시아경제(2018년 2월 20일자)

1. 수리능력이란 업무 상황에서 요구되는 사칙연산과 기초적인 통계를 이해하고, 도표의 의미를 파악하거나 자료를 이용해서 도표를 효과적으로 제시하는 능력을 의미한다.

2. 수리능력은 기초연산능력, 기초통계능력, 도표분석능력, 도표작성능력 등으로 구성된다. 수리능력은 수학적 사고를 통한 문제해결, 직업세계의 변화에 적응, 실용적 가치의 구현, 정확하고 간결한 의사소통이라는 측면에서 중요하다.

3. 도표란 선·그림·원 등으로 그림을 그려서 내용을 시각적으로 표현하여 한눈에 알아볼 수 있게 한 것을 의미하며, 도표를 작성함으로써 얻을 수 있는 이점으로는 보고 및 설명이 용이함, 상황분석을 할 수 있음, 관리목적의 활용 등을 들 수 있다.

4. 업무를 수행할 때 흔히 활용하는 단위로는 길이·넓이·부피·들이·무게·시간·할푼리 등이 있으며, 각종 단위를 읽고 해석할 수 있는 능력의 함양이 필요하다.

02

[02] 기초연산능력

1 사칙연산과 검산

① 사칙연산의 의의

수에 대한 덧셈·뺄셈·곱셈·나눗셈의 네 종류의 계산법으로, 사칙계산이라고도 한다. 특히 업무를 원활하게 수행하기 위해서는 기본적인 사칙연산뿐만 아니라 복잡한 사칙연산까지도 수행할 수 있어야 한다.

② 기초연산능력이 요구되는 상황

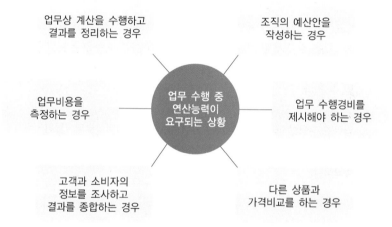

③ 검산

ㄱ 검산의 의의

연산의 결과를 확인하는 과정을 의미하며, 업무를 수행하는 데 있어서 연산의 결과를 확인하는 검산과정을 거치는 것은 필수적이다.

ㄴ 검산방법의 종류

역연산법	본래의 풀이와 반대로 연산을 해 가면서 본래의 답이 맞는지를 확인해 나가는 방법
구거법	원래의 수와 각 자릿수의 합이 9로 나눈 나머지와 같다는 원리를 이용하는 것으로, 각각의 수를 9로 나눈 나머지가 같은지를 확인하는 방법

$$48 \div 2(9+3) = ?$$

위 식은 미국의 한 수학 시험에 출제된 문제이다. 수식만 보면 단순해 보이지만, 이것을 어떻게 해석하느냐에 따라 답이 2와 288로 나뉘게 된다. 결국 어느 쪽이 답인가에 대한 논쟁이 일어나 미국의 한 인터넷 커뮤니티에서 전파되었고, 2011년 한국 커뮤니티까지 퍼지게 되었다. 각 답에 대한 사람들의 주장은 다음과 같았다. 결과적으로는 이 산식은 산수규칙의 모호함으로 인해 문제가 성립할 수 없다.

1. 답은 2이다.
   $48 \div 2$와 $(9+3)$ 사이에 곱셈 기호가 없기 때문에 $2(9+3)$를 한 항으로 간주하여 먼저 계산하여야 한다. 그러므로 $48 \div [2(9+3)] = 48 \div 24 = 2$이다.

2. 답은 288이다.
   $48 \div 2$와 $(9+3)$ 사이에는 곱셈 기호가 생략되어 있을 뿐이다. 사칙연산에서 곱셈과 나눗셈은 왼쪽부터 계산한다. 그러므로 $48 \div 2 \times (9+3) = 288$이다.

3. 수식 자체가 잘못되었다.
   2와 $(9+3)$ 사이에는 곱셈 기호가 없으므로 문제에 오류가 있고, 답을 논하는 것 자체가 오류이다.

02

2 응용 수리

① 방정식 · 부등식의 활용

㉠ 거리 · 속력 · 시간

$$(거리)=(속력)\times(시간), \ (속력)=\frac{(거리)}{(시간)}, \ (시간)=\frac{(거리)}{(속력)}$$

㉡ 일

전체 작업량을 1로 놓고, 단위 시간 동안 한 일의 양을 기준으로 식을 세움

㉢ 농도

$$[소금물의 \ 농도(\%)]=\frac{(소금의 \ 양)}{(소금물의 \ 양)}\times100$$

㉣ 나이

문제에서 제시된 조건의 나이가 현재인지 과거인지를 확인한 후 구해야 하는 한 명의 나이를 변수로 잡고 식을 세움

㉤ 비율

$$x가 \ a\% \ 증가 : x\times\left(1+\frac{a}{100}\right), \ x가 \ a\% \ 감소 : x\times\left(1-\frac{a}{100}\right)$$

㉥ 금액

- (정가)=(원가)+(이익), (이익)=(원가)×(이율)

- a원에서 $b\%$ 할인한 가격 : $a\times\left(1-\frac{b}{100}\right)$

- 단리법 · 복리법(원금 : a, 이율 : r, 기간 : n, 원리합계 : S)

단리법	복리법
• 정의 : 원금에 대해서만 약정된 이자율과 기간을 곱해 이자를 계산 • $S=a\times(1+r\times n)$	• 정의 : 원금에 대한 이자를 가산한 후 이 합계액을 새로운 원금으로 계산 • $S=a\times(1+r)^n$

㉦ 날짜 · 요일

- 1일=24시간=1,440분=86,400초
- 월별 일수 : 1월, 3월, 5월, 7월, 8월, 10월, 12월은 31일, 4월, 6월, 9월, 11월은 30일, 2월은 28일 또는 29일
- 윤년(2월 29일)은 4년에 1번

ⓐ 시계
- 시침이 1시간 동안 이동하는 각도 : $\dfrac{360°}{12}=30°$

- 시침이 1분 동안 이동하는 각도 : $\dfrac{30°}{60}=0.5°$

- 분침이 1분 동안 이동하는 각도 : $\dfrac{360°}{60}=6°$

ⓩ 수
- 연속한 두 자연수 : x, $x+1$
- 연속한 세 자연수 : $x-1$, x, $x+1$
- 연속한 두 짝수(홀수) : x, $x+2$
- 연속한 세 짝수(홀수) : $x-2$, x, $x+2$
- 십의 자릿수가 x, 일의 자릿수가 y인 두 자리 자연수 : $10x+y$
- 백의 자릿수가 x, 십의 자릿수가 y, 일의 자릿수가 z인 세 자리 자연수
  : $100x+10y+z$

② 경우의 수

ⓐ 어떤 사건이 일어날 수 있는 모든 가짓수
ⓑ 합의 법칙 : 두 사건 A와 B가 동시에 일어나지 않을 때, 사건 A가 일어나는 경우의 수를 m, 사건 B가 일어나는 경우의 수를 n이라 하면, 사건 A 또는 B가 일어나는 경우의 수는 $(m+n)$이다.
ⓒ 곱의 법칙 : 사건 A가 일어나는 경우의 수를 m, 사건 B가 일어나는 경우의 수를 n이라 하면, 사건 A와 B가 동시에 일어나는 경우의 수는 $(m \times n)$이다.

③ 순열 · 조합

순열	조합
• 서로 다른 n개에서 r개를 순서대로 나열하는 경우의 수	• 서로 다른 n개에서 r개를 순서에 상관없이 나열하는 경우의 수
• $_n\mathrm{P}_r=\dfrac{n!}{(n-r)!}$	• $_n\mathrm{C}_r=\dfrac{n!}{(n-r)! \times r!}$
• $_n\mathrm{P}_n=n!$, $0!=1$, $_n\mathrm{P}_0=1$	• $_n\mathrm{C}_r=\,_n\mathrm{C}_{n-r}$, $_n\mathrm{C}_0=\,_n\mathrm{C}_n=1$

④ **확률**

    ㉠ (사건 A가 일어날 확률)=$\dfrac{(\text{사건 A가 일어나는 경우의 수})}{(\text{모든 경우의 수})}$

    ㉡ 여사건의 확률 : 사건 A가 일어날 확률이 p일 때, 사건 A가 일어나지 않을 확률은 $(1-p)$이다.

    ㉢ 확률의 덧셈정리 : 두 사건 A, B가 동시에 일어나지 않을 때 A가 일어날 확률을 p, B가 일어날 확률을 q라고 하면, 사건 A 또는 B가 일어날 확률은 $(p+q)$이다.

    ㉣ 확률의 곱셈정리 : A가 일어날 확률을 p, B가 일어날 확률을 q라고 하면, 사건 A와 B가 동시에 일어날 확률은 $(p\times q)$이다.

고대 인도의 베다 수학은 현대 수학의 기원으로 인식되고 있다. 무엇보다 베다 수학은 특유의 사칙연산법으로 유명하다. 곱셈·뺄셈·방정식 등도 베다 수학을 이용하면 쉽게 풀이된다.

덧셈의 경우 '75+38=113'을 예로 들면 75는 70+5로, 38은 30+8로 분리하고, 이 중 일의 자리 덧셈 5+8의 답 13은 다시 10+3으로 파악한다. 이에 따라 75+38 =70+30+10+3=113이라는 공식이 성립된다.

뺄셈은 경우에 따라 두 가지 방법이 가능하다. 보통은 10의 배수를 이용하는데, 빼는 수에 일정 숫자를 더해 10의 배수가 되도록 한다. '75-38=37'이 그 예이다. 38에 2를 더해 10의 배수인 40으로 만들어 75-40=35를 계산하여 진행한다. 여기에 다시 38을 40으로 만든 숫자 2를 더하면 답이 성립한다.

이런 인도 베다 수학은 100이나 1,000 같은 숫자에서 뺄셈을 할 경우에 편하다. 예를 들어 1,000-137=863을 계산하려면 먼저 137 중 1과 3을 주목한다. 9에서 1과 3을 뺀 숫자 8과 6이 각각 백의 자리와 십의 자리가 된다. 일의 자리는 10에서 숫자 7을 뺀 3이 된다.

곱셈법은 더욱 다양하게 사용 가능하다. 핵심은 덧셈 방식에서 나왔다. 예를 들어 '17×13=221'을 계산한다면 먼저 각 숫자 17과 13을 10+7, 10+3으로 본다. 이 중 십의 자릿수끼리 곱해 10×10=100으로 답을 구한다. 이어 십의 자리와 일의 자리를 각각 교차해 10×7=70, 10×3=30을 구한다. 그리고 일의 자리끼리 곱해 7×3=21을 만든다. 마지막으로 구한 값을 모두 더하면 100+70+30+21 =221이 된다.

출처 : 데일리한국(2014년 8월 15일자)

1. 업무를 원활하게 수행하기 위해서는 기초적인 사칙연산을 수행할 수 있어야 한다. 사칙연산이란 수에 대한 덧셈(+) · 뺄셈(−) · 곱셈(×) · 나눗셈(÷)의 네 종류의 계산법으로, 사칙계산이라고도 한다.

2. 기초연산능력은 업무 상황에서 필요한 기초적인 사칙연산과 계산방법을 이해하고 활용하는 능력을 의미하며, 특히 업무 수행 과정에서 논리적으로 사고하여 연산을 수행할 경우 더욱 좋은 결과를 얻을 수 있다.

3. 업무를 원활하게 수행하기 위해서는 기본적인 사칙연산뿐만 아니라 복잡한 다단계 사칙연산까지도 수행할 수 있어야 한다.

4. 검산이란 연산의 결과를 확인하는 과정을 의미하며, 업무를 수행할 때 연산 결과를 확인하는 검산과정을 거치는 것은 필수적이다.

5. 업무 수행 과정에서 활용할 수 있는 검산방법 중 대표적인 것은 역연산 방법을 들 수 있다. 역연산 방법이란 본래의 풀이와 반대로 연산을 해 가면서 본래의 답이 맞는지를 확인해 나가는 과정이다.

6. 검산방법으로서 역연산 방법 이외에 쉽게 활용할 수 있는 방법으로는 구거법이 있다. 구거법이란 원래의 수와 각 자릿수의 합이 9로 나눈 나머지와 같다는 원리를 이용하는 것으로, 각 수를 9로 나눈 나머지만 계산해서 좌변과 우변의 9로 나눈 나머지가 같은지 확인하는 방법이다.

[03] 기초통계능력

1 통계의 의의

① 통계란?

집단현상에 대한 구체적인 양적 기술을 반영하는 숫자를 의미하며, 특히 사회집단
또는 자연집단의 상황을 숫자로 나타낸 것을 말한다.

② 통계의 본질

- 구체적인 일정집단에 대한 숫자자료가 통계이며, 단일개체에 대한 숫자자료일
  때에는 통계라고 하지 않는다.
- 통계의 요소인 단위나 표지를 어떻게 규정하는지에 따라 통계자료가 다르게 나타
  나게 되므로 이들에 대한 구체적 개념이나 정의를 어떻게 정하는지가 중요하다.
- 통계의 필요성이나 작성능력의 측면에서 볼 때 대부분 정부나 지방자치단체 등
  에 의한 관청통계로 작성되고 있다.

③ 통계의 기능

- 수량적 자료를 처리 가능하고 이해할 수 있는 형태로 축소시킨다.
- 표본을 통해 연구대상 집단의 특성을 유추할 수 있게 한다.
- 의사결정의 보조수단으로 이용된다.
- 관찰 가능한 자료를 통해 논리적으로 결론을 추출·검증할 수 있게 한다.

④ 통계의 속성

ㄱ 단위와 표지

집단을 구성하는 각 개체를 단위라 하며, 단위가 가지고 있는 공통의 성질을 표
지라고 한다.

ㄴ 표지의 분류

속성통계	질적인 표지	성별, 산업, 직업 등
변수통계	양적인 표지	연령, 소득금액 등

2 통계자료의 해석

① 기본적인 통계치

종류	내용
빈도	어떤 사건이 일어나거나 증상이 나타나는 정도
빈도분포	빈도를 표나 그래프로 종합적이면서도 일목요연하게 표시하는 것
평균	모든 사례의 수치를 합한 후 총 사례 수로 나눈 값
백분율	백분비라고도 하며, 전체의 수량을 100으로 하여 해당되는 수량이 그중 몇이 되는가를 가리키는 수를 %로 나타낸 것
범위	분포의 흩어진 정도를 가장 간단히 알아 보는 방법으로, 최고값에서 최저값을 뺀 값
분산	각 관찰값과 평균값과의 차이를 제곱한 값의 평균을 의미하며, 구체적으로는 각 관찰값과 평균값과의 차이를 제곱한 값을 모두 합해서 개체의 수로 나눈 값
표준편차	분산의 제곱근 값을 의미하며, 개념적으로는 평균으로부터 얼마나 떨어져 있는가를 나타내는 개념으로, 분산과 개념적으로 동일함

② 다섯숫자요약

종류	내용
최솟값(m)	원자료 중 값의 크기가 가장 작은 값
최댓값(M)	원자료 중 값의 크기가 가장 큰 값
중앙값(Q_2)	최솟값부터 최댓값까지 크기에 의하여 배열하였을 때 중앙에 위치하는 값
하위 25%값(Q_1) 상위 25%값(Q_3)	원자료를 크기 순으로 배열하여 4등분한 값을 의미하며, 백분위수의 관점에서 제25백분위수, 제75백분위수로 표기

수능 평균점수, 월 평균기온 ….

여러 값을 대표하는 값으로 가장 광범위하게 사용되는 것이 '평균'이다. 평균은 대부분 대푯값으로서의 역할을 충실히 수행하지만, 아주 높거나 낮은 값이 끼어 있을 때 영향을 민감하게 받는다는 단점이 있다.

예를 들어 어느 회사에 월 급여가 1백50만 원인 직원이 6명, 2백만 원인 직원이 5명, 1천만 원인 임원이 2명 있다고 하자. 평균을 구하면 3백만 원인데, 이를 대푯값이라고 하는 것은 왠지 부당하다는 생각이 든다. 임원 2명 때문에 평균이 많이 올라갔기 때문이다. 이 경우에는 값들을 크기대로 나열했을 때 중간에 위치하는 '중앙값', 2백만 원이 더 적절한 대푯값이 될 수 있다. 가장 높은 빈도를 나타내는 '최빈값'도 있다. 예를 들어 가장 좋아하는 대중음악의 장르를 조사하니 ① 발라드 (18명), ② 힙합(9명), ③ 트로트(3명)라고 하자. 이 경우에는 가장 높은 빈도를 보인 최빈값 ①을 대푯값으로 택하는 것이 가장 적절할 것이다.

평균과 더불어 자료의 분포를 나타내는 '산포도'에도 관심을 가질 만하다. 산포도란 값이 흩어져 있는 정도를 나타낸다. 산포도로 흔히 사용되는 것은 범위·분산·표준편차 등이다.

해외여행을 떠날 때 옷을 챙기려고 현지 기온을 확인하곤 한다. 이때 평균만을 고려한다면 실패하기 십상이다. 예를 들면 평균 기온이 20℃라고 할 때 최저 기온과 최고 기온이 15℃와 25℃인지, 아니면 5℃와 35℃인지에 따라 가져가야 할 옷이 달라지기 때문이다. 치명적인 병에 걸린 환자의 평균 생존 기간도 마찬가지다. 평균 생존 기간이 3년이라 해도 2.5 ~ 3.5년인 경우와 1 ~ 5년인 경우가 존재할 수 있다.

1. 통계란 사회현상의 양을 반영하는 숫자이며, 특히 사회집단의 상황을 숫자로 표현한 것이다. 근래에는 통계적 방법의 급속한 진보와 보급에 따라 자연적인 현상이나 추상적인 수치의 집단도 포함해서 일체의 집단적 현상을 숫자로 나타낸 것을 통계라고 한다.

2. 업무를 수행할 때 통계를 활용함으로써 얻을 수 있는 이점으로는 많은 수량적 자료를 처리 가능하고 쉽게 이해할 수 있는 형태로 축소, 표본을 통해 연구대상 집단의 특성을 유추, 의사결정의 보조수단, 관찰 가능한 자료를 통해 논리적으로 어떠한 결론을 추출·검증 등을 들 수 있다.

3. 업무를 효과적으로 수행하기 위해서는 빈도·백분율·범위·평균·분산·표준편차 등과 같은 기본적인 통계치의 개념을 파악하고 있어야 한다.

4. 범위란 분포의 흩어진 정도를 가장 간단히 알아 보는 방법으로, 최고값에서 최저값을 뺀 값을 의미한다. 평균이란 집단의 특성을 요약하기 위해서 가장 빈번하게 활용하는 값으로, 전체 사례 수의 값을 모두 더한 후 총 사례 수로 나눈 값을 의미한다.

5. 분산이란 각 관찰값과 평균값과의 차이를 제곱한 값의 평균을 의미하며, 표준편차란 분산값의 제곱근 값을 의미한다.

6. 원자료의 전체적인 형태를 파악하기 위해서는 평균과 표준편차만으로는 불가능하며, 다섯숫자요약(최솟값·중앙값·최댓값·하위 25%값·상위 25%값)을 효과적으로 활용할 수 있어야 한다. 또한 통계값을 제시할 때에는 평균값과 중앙값 모두 똑같은 중요도를 갖고 활용할 필요가 있다.

[04] 도표분석능력

❶ 도표의 종류와 활용

① 도표의 종류

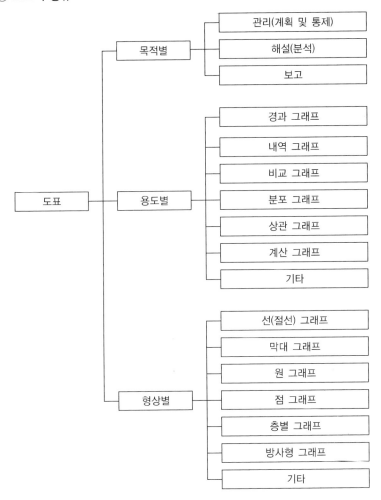

② 도표의 활용

종류	내용
선 그래프	시간적 추이(시계열 변화)를 표시할 때 적합 예 연도별 매출액 추이 변화
막대 그래프	수량 간의 대소 관계를 비교할 때 적합 예 영업소별 매출액
원 그래프	내용의 구성비를 분할하여 나타낼 때 적합 예 제품별 매출액 구성비
점 그래프	지역분포를 비롯한 기업 등의 평가나 위치, 성격을 표시할 때 적합 예 광고비율과 이익률의 관계
층별 그래프	합계와 각 부분의 크기를 백분율로 나타내고 시간적 변화를 볼 때 적합 예 상품별 매출액 추이
방사형 그래프	다양한 요소를 비교할 때 적합 예 매출액의 계절변동

2 도표의 형태별 특징

① 선 그래프

시간의 경과에 따라 수량에 의한 변화의 상황을 선의 기울기로 나타내는 그래프로, 시간적 변화에 따른 수량의 변화를 표현할 때 활용할 수 있다.

〈중학교 장학금, 학비감면 수혜현황〉

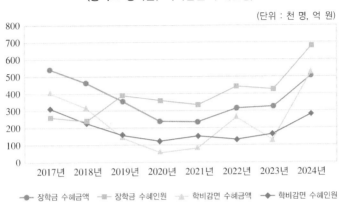

(단위 : 천 명, 억 원)

② 막대 그래프

비교하고자 하는 수량을 막대 길이로 표시하고 그 길이를 비교하여 각 수량 간의 대소 관계를 나타내는 그래프로, 전체에 대한 구성비를 표현할 때 활용할 수 있다.

〈연도별 암 발생 추이〉

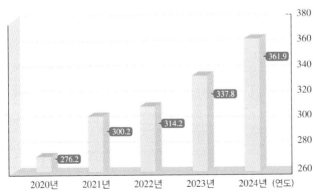

02

③ 원 그래프

내용의 구성비를 원을 분할하여 작성하는 그래프로, 전체에 대한 구성비를 표현할 때 활용할 수 있다.

〈입후보자의 득표 비율〉

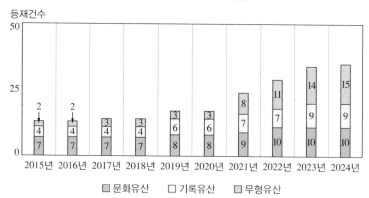

④ 층별 그래프

선의 움직임보다는 선과 선 사이의 크기로 데이터 변화를 나타내는 그래프로, 시간적 변화에 따른 구성비의 변화를 표현하고자 할 때 활용할 수 있다.

〈우리나라 세계유산 현황〉

⑤ 점 그래프

종축과 횡축에 두 개의 요소를 두고, 각 항목이 어떤 위치에 있는가를 알고자 할 때 활용할 수 있다.

〈OECD 국가의 대학졸업자 취업률 및 경제활동인구 비중〉

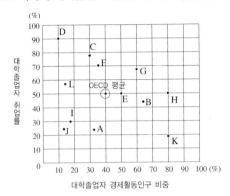

⑥ 방사형 그래프(레이더 차트, 거미줄 그래프)

비교하는 수량을 직경 또는 반경으로 나누어 원의 중심에서의 거리에 따라 각각의 관계를 나타내는 그래프로, 대상을 비교하거나 경과를 나타낼 때 활용할 수 있다.

〈외환위기 전후 한국의 경제상황〉

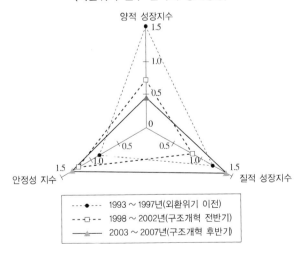

1. 도표는 관리나 문제해결의 과정에서 다양하게 활용되며, 활용되는 국면에 따라 활용되는 도표의 종류를 달리할 필요가 있다. 따라서 업무 수행을 원활하게 하기 위해서는 각각의 도표를 활용하여야 하는 경우에 대해서 숙지하고 있을 필요가 있다.

2. 도표는 목적별·용도별·형상별로 다양하게 분류할 수 있으며, 대표적인 것으로는 선(절선) 그래프, 막대 그래프, 원 그래프, 점 그래프, 방사형 그래프(레이더 차트, 거미줄 그래프) 등이 있다.

3. 선(절선) 그래프란 주로 시간의 경과에 따른 수량의 변화를 절선의 기울기로 나타내는 그래프를 말하며, 봉 그래프라고도 불리는 막대 그래프는 비교하고자 하는 수량을 막대 길이로 표시하고 그 길이를 비교하여 각 수량 간의 대소 관계를 나타내는 그래프이다.

4. 원 그래프는 일반적으로 내역이나 내용의 구성비를 원을 분할하여 작성한 것이며, 점 그래프는 세로축과 가로축에 2요소를 두고, 보고자 하는 것이 어떤 위치에 있는가를 알고자 하는 데 활용할 수 있다.

5. 업무를 수행할 때뿐만 아니라 뉴스를 보거나 신문을 읽을 때에도 다양한 표와 그래프를 접하게 된다. 특히 표와 그래프를 정확하게 읽고 의미를 찾아내며, 향후 추이를 분석해 내는 능력은 필수라 할 수 있다.

6. 효과적으로 도표를 분석하기 위해서는 요구되는 지식의 수준을 넓히고, 도표에 제시된 자료의 의미를 정확히 숙지하며, 도표로부터 알 수 있는 것과 없는 것을 구별하고, 총량의 증가와 비율의 증가를 구분하며, 백분위수와 사분위수를 정확히 이해하고 있어야 한다.

[05] 도표작성능력

❶ 도표의 작성

① 도표의 작성 절차

작성하려는 도표의 종류 결정
⬇
가로축과 세로축에 나타낼 것을 결정
⬇
가로축과 세로축의 눈금의 크기 결정
⬇
자료를 가로축과 세로축이 만나는 곳에 표시
⬇
표시된 점에 따라 도표 작성
⬇
도표의 제목 및 단위 표기

② 업무 수행 중에 활용되는 도표작성

- 업무결과를 도표를 사용하여 제시하는 경우
- 업무의 목적에 맞게 계산결과를 묘사하는 경우
- 업무 중 계산을 수행하고 결과를 정리하는 경우
- 업무에 소요되는 비용을 시각화해야 하는 경우
- 고객과 소비자의 정보를 조사하고 결과를 설명하는 경우

Point 엑셀 프로그램을 활용한 그래프 작성

자료의 입력 → [삽입] – [차트] 선택 → 그래프의 종류 선택 → 데이터의 범위와 계열 지정
→ 옵션 지정 → 차트위치 지정

2 도표 작성 시 유의사항

① 선 그래프

- 세로축에 수량(금액, 매출액 등), 가로축에 명칭 구분(연, 월, 장소 등)을 표시하고 축의 모양은 L자형으로 하는 것이 일반적이다.
- 선의 높이에 따라 수치를 파악하는 경우가 많으므로 세로축의 눈금을 가로축의 눈금보다 크게 하는 것이 효과적이다.
- 선이 두 종류 이상인 경우는 각각에 대해 명칭을 기입해야 하며, 중요한 선을 다른 선보다 굵게 하는 등의 노력을 기울일 필요가 있다.

② 막대 그래프

- 세로형이 보다 일반적이나, 가로형으로 작성할 경우 사방을 틀로 싸는 것이 좋다.
- 가로축은 명칭 구분(연, 월, 장소 등), 세로축은 수량(금액, 매출액 등)을 표시하는 것이 일반적이다.
- 막대의 수가 많은 경우에는 눈금선을 기입하는 것이 알아 보기에 좋다.
- 막대의 폭은 모두 같게 하여야 한다.

③ 원 그래프

- 정각 12시의 선을 시작선으로 하며, 이를 기점으로 하여 오른쪽으로 그리는 것이 일반적이다.
- 분할선은 구성비율이 큰 순서로 그리되, '기타' 항목은 구성비율의 크기에 관계없이 가장 뒤에 그린다.
- 각 항목의 명칭은 같은 방향으로 기록하는 것이 일반적이나, 각도가 작아서 명칭을 기록하기 힘든 경우에는 지시선을 사용하여 기록한다.

④ 층별 그래프

- 가로로 할 것인지 세로로 할 것인지는 작성자의 기호나 공간에 따라 판단하나, 구성비율 그래프는 가로로 작성하는 것이 좋다.
- 눈금은 선 그래프나 막대 그래프보다 적게 하고 눈금선을 넣지 않아야 하며, 층별로 색이나 모양이 다른 것이어야 한다.
- 같은 항목은 옆에 있는 층과 선으로 연결하여 보기 쉽도록 하여야 한다.
- 세로 방향일 경우 위에서 아래로, 가로 방향일 경우 왼쪽에서 오른쪽으로 나열하면 보기가 좋다.

도수분포표는 자료의 범위가 넓은 연속적 변수인 경우에 사용하는 것으로, 각 계급을 중복되지 않는 일정한 구간으로 정하여 그 구간에 속하는 자료의 개수를 정리한 것을 의미한다.

계급구간(초임연봉)	도수	상대도수	누적도수	누적상대도수
1,500만 원 미만	15	0.15	15	0.15
1,500만 원 이상 2,000만 원 미만	45	0.45	60	0.60
2,000만 원 이상 2,500만 원 미만	25	0.25	85	0.85
2,500만 원 이상 3,000만 원 미만	10	0.10	95	0.95
3,000만 원 이상	5	0.05	100	1.00
합계	100	1.00	–	–

좋은 도수분포표를 작성하기 위한 일반적인 지침은 다음과 같다.
① 각 구간의 폭은 같은 것이 바람직하다.
② 계급의 수는 분포의 특성이 나타날 수 있게 6개 이상 15개 미만이 바람직하다.
③ 계급에 속하는 도수가 없거나 너무 적지 않게 구간을 결정한다.
④ 극한값을 반영하기 위하여 제일 아래 계급이나 위 계급을 개방할 수도 있다.

도수분포표의 일반적인 작성 절차는 다음과 같다.
① 자료의 최댓값과 최솟값을 찾아 범위[=(최댓값)−(최솟값)]를 구한다.
② 자료의 수와 범위를 고려하여 계급의 수를 결정한다.
③ 잠정적으로 계급의 폭[=(범위)÷(계급의 수)]을 올림하여 소수를 정리한 후 계급의 폭을 조정한다.
④ 첫 계급의 하한과 마지막 계급의 상한을 조정한다(계급의 시작은 0, 1, 5, 10으로, 상한은 0, 5, 9, 10으로 정하는 것이 바람직하다).
⑤ 각 계급에 속하는 도수 등을 계산한다.

1. 업무의 결과를 정리할 때 도표를 직접 작성함으로써 결과를 효과적으로 제시할 수 있다.

2. 업무 수행 과정에서 도표를 작성할 때에 일반적으로 따라야 하는 절차는 작성하려는 도표의 종류 결정, 가로축과 세로축에 나타낼 것을 결정, 가로축과 세로축의 눈금의 크기 결정, 자료를 가로축과 세로축이 만나는 곳에 표시, 표시된 점에 따라 도표 작성, 도표의 제목 및 단위 표기이다.

3. 선 그래프를 작성할 경우에는 세로축에 수량(금액, 매출액 등), 가로축에 명칭 구분(연, 월, 장소 등)을 제시하며, 축의 모양은 L자형으로 하는 것이 일반적이다.

4. 막대 그래프를 작성할 경우에는 가로축은 명칭 구분(연, 월, 장소, 종류 등), 세로축은 수량(금액, 매출액 등)으로 정하며, 막대 수가 부득이하게 많을 경우에는 눈금선을 기입하는 것이 알아 보기 쉽다. 이때 막대의 폭은 반드시 모두 같게 해야 한다.

5. 원 그래프를 작성할 때에는 정각 12시의 선을 시작선으로 하며, 이를 기점으로 하여 오른쪽으로 그리는 것이 보통이다. 또한 분할선은 구성비율이 큰 순서로 그리되, '기타' 항목은 구성비율의 크기에 관계없이 가장 뒤에 그리는 것이 좋다.

6. 컴퓨터를 활용하여 업무 수행 결과물을 출력하는 것은 대단히 중요한 일이다. 특히 엑셀을 이용해 작성한 도표는 대단히 호환성이 높고, 도표를 쉽게 작성할 수 있다는 장점이 있어 많이 활용하고 있다.

02

01 통계란 선·그림·원 등으로 그림을 그려서 내용을 시각적으로 표현하여 다른 사람이 한눈에 자신의 주장을 알아볼 수 있게 한 것이다.

02 도표는 연산의 결과를 확인하기 위해 작성한다.

03 통계는 관찰 가능한 자료를 통해 논리적으로 어떠한 결론을 추출·검증한다.

04 평균은 관찰값(자료값) 전부에 대한 정보를 담고 있으나, 극단적인 값이나 이질적인 값에 의해 쉽게 영향을 받아 전체를 바르게 대표하지 못할 가능성이 있다.

05 원 그래프는 내역이나 내용의 구성비를 분할하여 나타내고자 하는 경우에 작성하며, 선 그래프는 꺾은선으로 시간적 추이를 표시하고자 할 때 작성한다.

06 막대 그래프를 작성할 때에는 일반적으로 세로축은 명칭 구분(연, 월, 장소 등), 가로축은 수량(금액, 매출액 등)으로 정하는 것이 좋다.

07 원 그래프를 작성할 때 '기타' 항목의 구성비율이 가장 큰 경우에는 가장 앞에 그리는 것이 좋다.

08 막대 그래프를 작성할 때에는 막대의 폭은 모두 같도록 하여야 한다.

09 어떤 집단을 알기 위해 일부분을 뽑아서 그 일부분에 대한 정보를 수집하는 것을 표본조사라 한다.

10 그래프 중에서 다양한 요소의 비교를 가장 잘 나타내는 것은 방사형 그래프이다.

01 × 02 × 03 ○ 04 ○ 05 ○ 06 × 07 × 08 ○ 09 ○ 10 ○

01 도표에 대한 설명이다. 통계란 사회집단 또는 자연집단의 상황을 숫자로 나타낸 것을 말한다.

02 도표는 보고·설명을 하기 위해, 상황분석을 위해, 관리목적으로 사용되며, 연산의 결과를 확인하기 위해 작성하는 것은 아니다.

06 막대 그래프를 작성할 때에는 일반적으로 세로축에는 수량, 가로축에는 명칭 구분으로 하는 것이 좋다.

07 원 그래프를 작성할 때에는 '기타' 항목의 구성비율이 가장 크다고 할지라도 가장 마지막에 그리는 것이 좋다.

02

11 그래프를 작성할 때에는 가로, 세로축에 무엇을 나타낼 것인지를 가장 먼저 고려해야 한다.

12 원 그래프를 그릴 때는 정각 12시 선을 시작선으로 하여 오른쪽으로 그리고, 구성비율이 큰 순서대로 그린다('기타' 항목 제외).

13 엑셀 프로그램을 활용하여 그래프를 그리는 경우 가로축·세로축의 값은 그래프가 그려진 뒤로 수정할 수 없다.

14 엑셀 프로그램을 활용하여 그래프를 그릴 때는 풀다운 메뉴 중 삽입을 사용한다.

15 그래프 중에서 자료의 분포상태를 가장 잘 나타내는 것은 점 그래프이다.

16 빈도란 어떤 사건이 일어나거나 증상이 나타나는 정도를 말한다.

17 층별 그래프를 작성할 때에는 층별로 색이나 모양은 다르게 하고, 같은 항목끼리는 선으로 연결하여 보기 쉽도록 하는 것이 좋다.

18 엑셀 프로그램을 활용하여 그래프를 그리는 경우 범례는 별도로 작성하여 붙여넣기를 해야 한다.

19 통계란 어떤 현상의 상태를 양으로 나타낸 것이다.

20 수리능력이 중요한 이유로는 수학적 사고를 통한 문제해결, 직업세계의 변화에 적응, 실용적 가치의 구현, 정확하고 간결한 의사소통 등을 들 수 있다.

11 그래프를 작성할 때는 어떤 도표를 사용할 것인가를 먼저 정하여야 한다.

13 엑셀 프로그램의 장점은 그래프를 잘못 그렸거나 수정사항이 있을 경우 언제든지 수정이 가능하다는 것이다.

18 엑셀 프로그램 활용 시 범례는 별도로 작성하는 것이 아니라 그래프를 작성할 때에 같이 입력한다.

MEMO

PART 03
문제해결능력

PART 03 문제해결능력

[01] 문제해결능력의 의의

1 문제의 의의

① 문제와 문제점

문제	업무를 수행함에 있어서 답을 요구하는 질문이나 의논하여 해결해야 하는 사항
문제점	문제의 원인이 되는 사항으로, 문제해결을 위해서 조치가 필요한 대상

난폭운전으로 전복사고가 일어난 경우는 '사고의 발생'이 문제이며, '난폭운전'은 문제점이다.

② 발생형 문제·탐색형 문제·설정형 문제

발생형 문제 (보이는 문제)	• 눈앞에 발생되어 해결하기 위해 고민하는 문제를 말하며, 원인 지향적 문제라고도 함 • 이탈 문제 : 어떤 기준을 이탈함으로써 생기는 문제 • 미달 문제 : 기준에 미달하여 생기는 문제
탐색형 문제 (찾는 문제)	• 현재의 상황을 개선하거나 효율을 높이기 위한 문제를 말하며, 문제를 방치하면 뒤에 큰 손실이 따르거나 해결할 수 없게 되는 것 • 잠재 문제 : 문제가 잠재되어 인식하지 못하다가 결국 확대되어 해결이 어려운 문제 • 예측 문제 : 현재는 문제가 아니지만 계속해서 현재 상태로 진행될 경우를 가정했을 때 앞으로 일어날 수 있는 문제 • 발견 문제 : 현재는 문제가 없으나 좋은 제도나 기법, 기술을 발견하여 개선·향상시킬 수 있는 문제
설정형 문제 (미래의 문제)	• 장래의 경영 전략을 통해 앞으로 어떻게 할 것인지와 관련된 문제 • 새로운 목표를 설정함에 따라 일어나는 문제로, 목표 지향적 문제라고도 함 • 많은 창조적인 노력이 요구되므로 창조적 문제라고도 함

2 문제해결의 의의

① 문제해결이란?

목표와 현상을 분석하고, 이 분석 결과를 토대로 과제를 도출하여 최적의 해결책을 찾아 실행·평가해 가는 활동을 말한다.

② 문제해결에 필요한 기본요소

- 체계적인 교육훈련
- 창조적 스킬의 습득
- 전문영역에 대한 지식 습득
- 문제에 대한 체계적인 접근

③ 문제해결의 장애요소

- 문제를 철저하게 분석하지 않는 것
- 고정관념에 얽매이는 것
- 쉽게 떠오르는 단순한 정보에 의지하는 것
- 너무 많은 자료를 수집하려고 노력하는 것

Point / **문제**

- 업무를 수행함에 있어서 답을 요구하는 질문이나 의논하여 해결해야 되는 사항을 의미한다.
- 해결하기를 원하지만 실제로 어떻게 해결해야 하는지 모르고 있는 상태도 포함된다.
- 얻고자 하는 해답이 있지만 그 해답을 얻는 데 필요한 일련의 행동을 알지 못하는 상태도 있다.
- 문제는 일반적으로 발생형 문제, 탐색형 문제, 설정형 문제로 구분된다.

3 문제해결에 필요한 기본적 사고

① 전략적 사고

현재 당면하고 있는 문제와 해결방법에만 집착하지 말고, 그 문제와 해결방안이 상위 시스템과 어떻게 연결되어 있는지를 생각하는 것이 필요하다.

② 분석적 사고

전체를 각각의 요소로 나누어 그 요소의 의미를 도출한 다음 우선순위를 부여하고 구체적인 문제해결방법을 실행하는 것이 요구된다.

종류	요구되는 사고
성과 지향의 문제	기대하는 결과를 명시하고 효과적으로 달성하는 방법을 사전에 구상하고 실행에 옮길 것
가설 지향의 문제	현상 및 원인분석 전에 지식과 경험을 바탕으로 일의 과정이나 결과·결론을 가정한 다음 검증 후 사실일 경우 다음 단계의 일을 수행할 것
사실 지향의 문제	일상 업무에서 일어나는 상식·편견을 타파하여 객관적 사실로부터 사고와 행동을 시작할 것

③ 발상의 전환

기존에 가지고 있는 사물과 세상을 바라보는 인식의 틀을 전환하여 새로운 관점에서 바로 보는 사고를 지향하는 것이 필요하다.

④ 내·외부자원의 효과적 활용

기술, 재료, 방법, 사람 등 필요한 자원 확보 계획을 수립하고 내·외부자원을 효과적으로 활용하도록 해야 한다.

4 제3자를 통한 문제해결

종류	내용
소프트 어프로치	• 대부분의 기업에서 볼 수 있는 전형적인 스타일 • 조직 구성원들이 같은 문화적 토양을 가짐 • 직접적인 표현보다는 암시를 통한 의사전달 • 결론이 애매하게 산출되는 경우가 적지 않음 • 제3자 : 결론을 미리 그려 가면서 권위나 공감에 의지함
하드 어프로치	• 조직 구성원들이 상이한 문화적 토양을 가짐 • 직설적인 주장을 통한 논쟁과 협상 • 논리, 즉 사실과 원칙에 근거한 도론 • 이론적으로는 가장 합리적인 방법 • 창조적인 아이디어나 높은 만족감을 이끌어 내기 어려움 • 제3자 : 지도와 설득을 통해 전원이 합의하는 일치점을 추구함
퍼실리테이션	• 그룹의 지향점을 알려 주고, 공감을 이룰 수 있도록 도와주는 것 • 창조적인 해결방안 도출, 구성원의 동기와 팀워크 강화 • 퍼실리테이터의 줄거리대로 결론이 도출되어서는 안 됨 • 제3자 : 깊이 있는 커뮤니케이션을 통해 창조적인 문제해결을 도모함

Point 하드 어프로치와 퍼실리테이션

• 하드 어프로치
  서로의 생각을 주장하고, 논쟁이나 협상을 통해 서로의 의견을 조정해 가는 문제해결방법
  이다.
• 퍼실리테이션
  깊이 있는 커뮤니케이션을 통해 서로의 문제점을 이해하고 공감함으로써 창조적으로 문
  제를 해결하는 방법이다.

퍼실리테이션(Facilitation) : 사람과 사람 사이의 상호작용(Interaction)이 활발하게 이루어지게 하여 창조적인 성과(Output)를 끌어 내는 행위

GE의 워크아웃 퍼실리테이터에서 볼 수 있는 역할로, 회사 내 구성원 사이의 '인간관계에서 발생하는 다양한 부정적 요소들을 제거하고, 이해관계를 조정하여 목표를 향해 나아가도록 유도하는 효과'를 발휘한다.

서로 다른 문화적 배경·지식·이해관계를 가진 사람들의 의견을 하나로 묶어, 문제 또는 과제 해결을 위한 바람직한 창조적 대안을 창출할 수 있도록 항해의 방향을 제시하는 선장의 역할이 바로 퍼실리테이션이며, 그 역할을 수행하는 사람이 퍼실리테이터이다.

퍼실리테이션 효과는 퍼실리테이션 스킬을 습득함으로써 자기 자신의 변혁을 추구할 수 있으며, 조직 내에서뿐만 아니라 사회를 살아가는 데도 반드시 필요한 기본적인 능력이라고 할 수 있다. 이를 통해 객관적으로 사물을 보는 능력, 다른 사람의 견해를 편견 없이 들을 수 있는 청취 능력, 다양한 관점에서 사물을 볼 수 있는 관찰력, 현상에 대한 분석력, 인간관계 능력, 논리적인 사고 능력 등이 길러진다.

퍼실리테이션에 필요한 기본 역량으로는 문제의 탐색과 발견, 문제해결을 위한 구성원 간의 커뮤니케이션 조정, 합의를 도출하기 위한 구성원들 사이의 갈등 관리 등이 있으며, 변화와 혁신을 선도해 가야 하는 오늘날의 리더에게 무엇보다도 필요한 역량이라고 할 수 있다.

1. 문제란 업무를 수행함에 있어서 해결하기를 원하지만 실제로 해결해야 하는 방법을 모르거나 해답을 얻는 데 필요한 일련의 행동을 알지 못한 상태를 말한다.

2. 문제는 조직이 가지고 있어야 할 모습과 바람직한 상태·기대되는 결과인 목표와 현재의 모습 및 예상되는 상태인 현상과의 차이를 말하며, 이러한 문제가 무엇인지 알면 문제의 반은 풀린 것과 같다.

3. 문제는 발생형 문제, 탐색형 문제, 설정형 문제의 세 가지 유형으로 분류할 수 있다. 발생형 문제는 우리가 바로 직면하여 걱정하고 해결하기 위해 고민하는 '이미 일어난 문제', 탐색형 문제는 현재의 상황을 개선하거나 효율을 높이기 위한 '더 잘해야 할 문제', 설정형 문제는 미래 상황에 대응하는 경영 전략의 문제로 '앞으로 어떻게 할 것인가' 하는 문제를 말한다.

4. 문제해결이란 목표와 현상을 분석하고, 이 분석 결과를 토대로 과제를 도출하여 최적의 해결책을 찾아 실행·평가해 가는 활동을 의미한다.

5. 문제해결을 위해서는 체계적인 교육훈련, 문제해결방법에 대한 다양한 지식, 문제 관련 지식에 대한 가용성, 문제해결자의 도전의식과 끈기, 문제에 대한 체계적인 접근이 필요하다. 또한 전략적 사고와 분석적 사고, 발상의 전환, 내·외부자원의 활용 네 가지 기본적 사고를 갖추어야 한다.

6. 문제해결의 장애요소로는 문제를 철저하게 분석하지 않는 경우, 고정관념에 얽매이는 경우, 쉽게 떠오르는 단순한 정보에 의지하는 경우, 너무 많은 자료를 수집하려고 노력하는 경우 등이 있다.

03

[02] 사고력

❶ 창의적 사고와 브레인스토밍

① 창의적 사고란?

당면한 문제를 해결하기 위해 경험적 지식을 해체하여 새로운 아이디어를 다시 도
출하는 것으로, 개인이 가지고 있는 경험과 지식을 통해 참신한 아이디어를 산출하
는 힘이다.

② 창의적 사고의 특징

- 발전적(확산적) 사고
- 새롭고 유용한 아이디어를 생산해 내는 정신적인 과정
- 기발하거나 신기하며 독창적인 것
- 유용하고 적절하며, 가치가 있는 것
- 기존의 정보를 새롭게 조합시킨 것

③ 브레인스토밍

미국의 알렉스 오즈번이 고안한 그룹발산기법으로, 창의적인 사고를 위한 발산방법
중 가장 흔히 사용되는 방법이다. 집단의 효과를 살려서 아이디어의 연쇄반응을 일
으켜 자유분방한 아이디어를 내고자 하는 것이다.

④ 브레인스토밍 진행 방법

- 주제를 구체적이고 명확하게 정한다.
- 구성원의 얼굴을 볼 수 있는 좌석 배치와 큰 용지를 준비한다.
- 구성원들의 다양한 의견을 도출할 수 있는 사람을 리더로 선출한다.
- 구성원은 다양한 분야의 사람들로 5 ~ 8명 정도로 구성한다.
- 발언은 누구나 자유롭게 할 수 있도록 하며, 모든 발언 내용을 기록한다.
- 아이디어에 대해 비판해서는 안 된다.

2 창의적 사고의 개발 방법

① 자유 연상법 – 생각나는 대로 자유롭게 발상 – 브레인스토밍

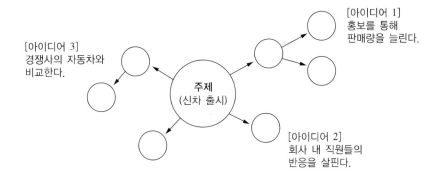

② 강제 연상법 – 각종 힌트와 강제적으로 연결 지어서 발상 – 체크리스트

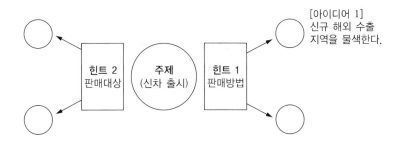

③ 비교 발상법 – 주제의 본질과 닮은 것을 힌트로 발상 – NM법, Synectics

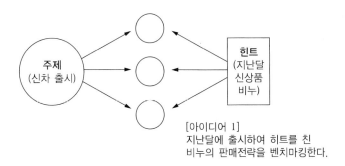

❸ 논리적 사고의 의의

① 논리적 사고란?

- 사고의 전개에 있어서 전후의 관계가 일치하고 있는가를 살피고, 아이디어를 평가하는 능력을 말한다.
- 업무 수행 중에 자신이 만든 계획이나 주장을 주위 사람에게 이해시켜 실현시키기 위해서는 체계적인 설득 과정을 거쳐야 하는데, 이때 필요로 하는 것이 논리적 사고이다.

② 논리적 사고의 5요소

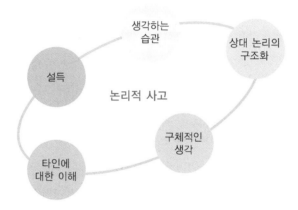

생각하는 습관	일상적인 대화, 회사의 문서, 신문의 사설 등 접하는 모든 것에 대해서 늘 생각하는 것
상대 논리의 구조화	다른 사람을 설득하는 과정에서 상대의 논리를 구조화하여 논리의 약점을 찾고, 자신의 생각을 재구축하는 것
구체적인 생각	상대가 말하는 것을 잘 알 수 없을 경우에는 구체적인 이미지를 떠올리거나 숫자를 활용하여 표현하는 등 다양한 방법을 활용하여 생각하는 것
타인에 대한 이해	상대의 주장에 반론할 경우에는 상대 주장 전부를 부정하지 않고, 동시에 상대의 인격을 존중하는 것
설득	논리적 사고는 고정된 견해나 자신의 사상을 강요하는 것이 아닌 나의 주장을 다른 사람에게 이해시켜 공감시키고 그 사람이 내가 원하는 행동을 하게 만드는 것

❹ 논리적 사고를 개발하기 위한 방법

① 피라미드 기법

보조 메시지를 통해 주요 메인 메시지를 얻고, 다시 메인 메시지를 종합한 최종적인 정보를 도출해 내는 방법이다.

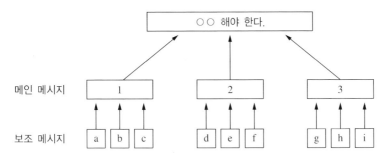

② So What 기법

"그래서 무엇이지?"라고 자문자답하는 의미로, 눈앞에 있는 정보로부터 의미를 찾 아내어 가치 있는 정보를 이끌어 내는 사고이다. "So What?"은 단어나 체언만으로 표현하는 것이 아니라 주어와 술어가 있는 글로 표현함으로써 "어떻게 될 것인가?", "어떻게 해야 한다."라는 내용이 포함되어야 한다.

5 논리적 오류와 비판적 사고

① 논리적 오류의 종류

- 권위나 인신공격에 의존한 논증
  상대방의 주장이 아니라 상대방의 인격을 공격
- 허수아비 공격의 오류
  상대방의 주장과는 전혀 상관없는 별개의 논리를 만들어 공격
- 무지의 오류
  그럴 듯해 보이지만 증명되지 않은 주장(신의 존재 유무 등 증명할 수 없거나
  증명이 어려운 분야에서 자주 등장)
- 결합 · 분할의 오류
  하나의 사례에는 오류가 없지만 여러 사례를 잘못 결합하여 오류가 발생, 논리
  적 주장을 확대하거나 쪼개서 적용할 경우 흔히 발생
- 성급한 일반화의 오류
  몇몇 사례를 일반화하여 발생
- 복합 질문의 오류
  "또다시 이런 죄를 지을 것인가?"와 같은 질문의 경우 "예", "아니오" 중 어떤
  답변을 해도 이미 죄를 지었다는 것을 인정하게 됨
- 과대 해석의 오류
  문맥을 무시하고 과도하게 문구에만 집착하여 발생하는 오류
- 연역법의 오류
  삼단 논법을 잘못 적용하여 발생하는 결과의 오류

② 비판적 사고에 필요한 요소

종류	내용
문제의식	문제의식을 가지고 있다면 주변의 사소한 일에서도 정보를 수집할 수 있으며, 이러한 정보를 통해서 새로운 아이디어를 끊임없이 생산해 낼 수 있다.
고정관념의 타파	고정관념은 사물을 보는 시각에 영향을 주며, 일방적인 평가를 내리기 쉽게 한다. 따라서 지각의 폭을 넓히기 위해 고정관념을 타파해야 한다.

상황

ㄱ. 우리 회사의 자동차 판매대수가 사상 처음으로 전년 대비 마이너스를 기록했다.

ㄴ. 우리나라의 자동차 업계 전체는 일제히 적자 결산을 발표했다.

ㄷ. 주식 시장은 몇 주간 조금씩 하락하는 상황에 있다.

So What?을 사용한 논리적 사고의 예

a. 자동차 판매의 부진

b. 자동차 산업의 미래

c. 자동차 산업과 주식시장의 상황

d. 자동차 관련 기업의 주식을 사서는 안 된다.

e. 지금이야말로 자동차 관련 기업의 주식을 사야 한다.

해설

a. 상황 ㄱ만 고려하고 있으므로 So What의 사고에 해당하지 않는다.

b. 상황 ㄷ을 고려하지 못하고 있으므로 So What의 사고에 해당하지 않는다.

c. 상황 ㄱ ~ ㄷ을 모두 고려하고는 있으나, 자동차 산업과 주식시장이 어떻게 된다는 것을 알 수 없으므로 So What의 사고에 해당하지 않는다.

d・e. "주식을 사지 마라(사라)."는 메시지를 주고 있으므로 So What의 사고에 해당한다.

03

1. 창의적 사고란 당면한 문제를 해결하기 위해 이미 알고 있는 경험지식을 해체하여 새로운 아이디어를 다시 도출하는 것으로, 개인이 가지고 있는 경험과 지식을 통해 새로운 가치 있는 아이디어로 다시 결합함으로써 참신한 아이디어를 산출하는 사고능력을 의미한다.

2. 창의적인 사고를 위해서는 발산적 사고가 요구되며, 이러한 발산적 사고를 개발하기 위한 방법으로는 자유 연상법, 강제 연상법, 비교 발상법이 있다.

3. 문제해결을 위해서는 창의적 사고 이외에도 논리적 사고와 비판적 사고가 필요하다. 논리적 사고란 사고를 전개할 때 전후 관계가 일치하고 있는가를 살피고, 아이디어를 평가하는 사고능력을 의미하며, 이를 개발하기 위한 대표적인 방법으로는 피라미드 기법과 So What 기법 등이 있다.

4. 비판적 사고란 어떤 논증·추론·증거·가치를 표현한 사례를 타당한 것으로 수용할 것인가 아니면 불합리한 것으로 거절할 것인가에 대한 결정을 내릴 때 요구되는 사고능력이다.

5. 비판적 사고를 개발하기 위해서는 어떤 현상에 대해서 문제의식을 바탕으로 하여야 하며, 고정관념을 버려야 한다.

[03] 문제처리능력

1 문제 인식

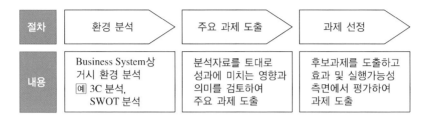

절차	환경 분석	주요 과제 도출	과제 선정
내용	Business System상 거시 환경 분석 예 3C 분석, SWOT 분석	분석자료를 토대로 성과에 미치는 영향과 의미를 검토하여 주요 과제 도출	후보과제를 도출하고 효과 및 실행가능성 측면에서 평가하여 과제 도출

① 환경 분석(3C 분석)

사업환경을 구성하고 있는 요소인 자사, 경쟁사, 고객을 3C라고 하며, 3C에 대한
체계적인 분석을 통해서 환경 분석을 수행할 수 있다.

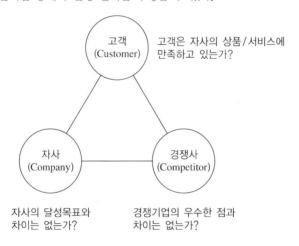

② 주요 과제 도출

과제안을 작성할 때는 과제들 간의 수준은 동일한지, 표현은 구체적인지, 주어진
기간 내에 해결 가능한 안인지를 확인해야 한다.

③ 과제 선정

과제안 중 효과 및 실행 가능성 측면을 평가하여 우선순위를 부여한 후 우선순위가
높은 안을 선정하며, 우선순위 평가 시에는 과제의 목표, 자원현황 등을 종합적으
로 고려하여 평가한다.

❷ SWOT 분석

① SWOT 분석의 의의

기업 내부의 강점, 약점과 외부환경의 기회, 위협요인을 분석·평가하며 이들을 서로 연관 지어 전략을 개발하고 문제해결방안을 개발하는 방법이다.

② SWOT 분석의 흐름

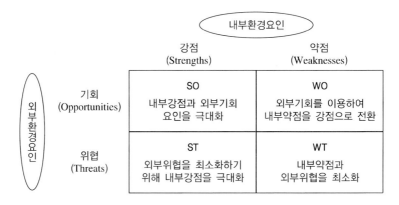

③ SWOT 전략 수립 방법

내부의 강점과 약점을, 외부의 기회와 위협과 대응시켜 기업 목표 달성을 위한 SWOT 분석을 바탕으로 구축한 발전전략의 특성은 다음과 같다.

구분	내용
SO전략	외부환경의 기회를 활용하기 위해 강점을 사용하는 전략 선택
ST전략	외부환경의 위협을 회피하기 위해 강점을 사용하는 전략 선택
WO전략	자신의 약점을 극복함으로써 외부환경의 기회를 활용하는 전략 선택
WT전략	외부환경의 위협을 회피하고 자신의 약점을 최소화하는 전략 선택

④ SWOT 분석의 구체적인 방법

종류	내용
외부환경 분석	• 좋은 쪽으로 작용하는 것은 기회, 나쁜 쪽은 위협으로 분류 • 언론매체, 개인 정보망 등을 통하여 입수한 상식적인 세상의 변화 내용을 시작으로 당사자에게 미치는 영향을 순서대로 점차 구체화 • 인과관계가 있는 경우 화살표로 연결 • 동일한 데이터라도 자신에게 긍정적으로 전개되면 기회로, 부정적으로 전개되면 위협으로 구분 • 외부환경 분석에는 SCEPTIC 체크리스트를 활용 Social(사회), Competition(경쟁), Economic(경제), Politic(정치), Technology(기술), Information(정보), Client(고객)
내부환경 분석	• 경쟁자와 비교하여 나의 강점과 약점을 분석 • 강점과 약점의 내용 : 보유하거나 동원 가능하거나 활용 가능한 자원 • 내부환경 분석에는 MMMITI 체크리스트를 활용 Man(사람), Material(물자), Money(돈), Information(정보), Time(시간), Image(이미지)

03

⑤ SWOT 분석의 예시

〈분식점에 대한 SWOT 분석 결과〉

강점(Strengths)	약점(Weaknesses)
• 좋은 품질의 재료만 사용 • 청결하고 차별화된 이미지	• 타 분식점에 비해 한정된 메뉴 • 배달서비스를 제공하지 않음

기회(Opportunities)	위협(Threats)
• 분식점 앞에 곧 학교가 들어설 예정 • 최근 TV프로그램 섭외 요청을 받음	• 프랜차이즈 분식점들로 포화상태 • 상대적으로 저렴한 길거리 음식으로 취급하는 경향이 있음

표적집단면접이란 6 ~ 8인으로 구성된 그룹에서 특정 주제에 대해 논의하는 과정으로, 숙련된 사회자의 컨트롤 기술에 의해 집단의 이점을 십분 활용하여 구성원들의 의견을 도출하는 방법이다.

표적집단면접의 진행 절차는 조사 목적 수립, 대상자 분석, 그룹 수 결정, 대상자 리쿠르트, 가이드라인 작성의 과정을 거치며, 이는 다음 그림과 같다.

절차	조사 목적 수립	대상자 분석	그룹 수 결정	대상자 리쿠르트	가이드라인 작성
내용	확보해야 하는 정보는?	정보 획득 대상의 특징은?	정보를 획득하는 가장 적절한 그룹 수는?	대상자를 어떻게 선발할 것인가?	일반적인 주제에서 심층적인 주제로 작성

표적집단면접을 진행할 때 주의사항은 다음과 같다.
• 인터뷰 종료 후 전체 내용에 대한 합의를 한다.
• 가이드라인에 따라 내용을 열거하고, 열거된 내용의 상호 관련을 생각하면서 결론을 얻어 나간다.
• 가능한 그룹으로 분석 작업을 진행한다.
• 동의 혹은 반대의 경우 합의 정도와 강도를 중시한다.
• 조사의 목적에 따라 결론을 이끌 수 있도록 한다.
• 앞뒤에 흩어져 있는 정보들을 주제에 대한 연관성을 고려하여 수집한다.
• 확실한 판정이 가능한 것은 판정을 하지만 그렇지 못한 경우는 판정을 내려서는 안 된다.

3 문제 도출

① 세부 절차

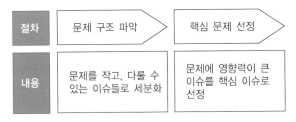

절차	문제 구조 파악	핵심 문제 선정
내용	문제를 작고, 다룰 수 있는 이슈들로 세분화	문제에 영향력이 큰 이슈를 핵심 이슈로 선정

② 문제 구조 파악

㉠ 전체 문제를 개별화된 세부 문제로 쪼개는 과정으로, 문제의 내용 및 미치고 있는 영향 등을 파악하여 문제의 구조를 도출해 내는 것이다. 이를 위해서는 문제가 발생한 배경이나 문제를 일으키는 원인을 분명히 해야 하며, 문제의 본질을 다면적으로 보아야 한다.

㉡ Logic Tree 방법

주요 과제를 나무모양으로 분해·정리하는 기술로, 제한된 시간 동안 문제의 원인을 깊이 파고든다든지 해결책을 구체화할 때 유용하게 사용된다. 이를 위해서는 전체 과제를 명확히 해야 하며, 분해하는 가지의 수준을 맞춰야 하고, 원인이 중복되거나 누락되지 않고 각각의 합이 전체를 포함해야 한다.

③ 핵심 문제 선정

영향력이 큰 이슈를 핵심 이슈로 선정한다.

4 원인 분석

① 세부 절차

절차	쟁점(Issue) 분석	데이터(Data) 분석	원인 파악
내용	• 핵심 이슈 설정 • 가설 설정 • Output 이미지 결정	• Data 수집계획 수립 • Data 정리 / 가공 • Data 해석	• 근본원인 파악 • 원인과 결과 도출

② 쟁점(Issue) 분석

절차	내용
핵심 이슈 설정	업무에 가장 크게 영향을 미치는 문제로 선정하며, 사내·외 고객 인터뷰 등을 활용한다.
가설 설정	이슈에 대해 자신의 직관, 경험 등에 의존하여 일시적인 결론을 예측하는 것이며, 설정된 가설은 관련자료 등을 통해 검증할 수 있어야 하고, 논리적이며 객관적이어야 한다.
Output 이미지 결정	가설검증 계획에 의거하여 분석 결과를 미리 이미지화하는 것이다.

③ 데이터(Data) 분석

절차	내용
Data 수집계획 수립	데이터 수집 시에는 목적에 따라 수집 범위를 정하고, 전체 자료의 일부인 표본을 추출하는 전통적인 통계학적 접근과 전체 데이터를 활용한 빅데이터 분석을 구분해야 한다. 이때 객관적인 사실을 수집해야 하며 자료의 출처를 명확히 밝힐 수 있어야 한다.
Data 정리 / 가공	데이터 수집 후에는 목적에 따라 수집된 정보를 항목별로 분류·정리해야 한다.
Data 해석	정리된 데이터는 'What', 'Why', 'How' 측면에서 의미를 해석해야 한다.

④ 원인 파악

절차	내용
단순한 인과관계	원인과 결과를 분명하게 구분할 수 있는 경우로, 날씨가 더울 때 아이스크림 판매량이 증가하는 경우가 이에 해당한다.
닭과 계란의 인과관계	원인과 결과를 구분하기가 어려운 경우로, 브랜드의 향상이 매출 확대로 이어지고, 매출 확대가 다시 브랜드의 인지도 향상으로 이어지는 경우가 이에 해당한다.
복잡한 인과관계	단순한 인과관계와 닭과 계란의 인과관계의 유형이 복잡하게 서로 얽혀 있는 경우로, 대부분의 문제가 이에 해당한다.

5 해결안 개발

① 세부 절차

절차	해결안 도출	해결안 평가 및 최적안 선정
내용	문제로부터 최적의 해결안을 도출하고, 아이디어를 명확화	최적안 선정을 위한 평가 기준을 선정하고, 우선순위 선정을 통해 최적안 선정

② 해결안 도출

- 근본 원인으로 열거된 내용을 어떠한 방법으로 제거할 것인지를 명확히 한다.
- 독창적이고 혁신적인 방안을 도출한다.
- 유사한 방법이나 목적을 갖는 내용을 군집화한다.
- 최종 해결안을 정리한다.

③ 해결안 평가 및 최적안 선정

문제(What), 원인(Why), 방법(How)을 고려해서 해결안을 평가하고 가장 효과적인 해결안을 선정해야 하며, 중요도와 실현가능성 등을 고려해서 종합적인 평가를 내리고, 채택 여부를 결정하는 과정이다.

④ 해결안 개발의 예시

해결안	중요도		실현가능성			종합평가	채택여부
	고객만족도	문제해결	개발기간	개발능력	적용가능성		
해결안 1							
해결안 2							
해결안 3							
해결안 4							

6 실행 및 평가

① 세부 절차

절차	실행계획 수립	실행	후속조치
내용	최종 해결안을 실행하기 위한 구체적인 계획 수립	실행계획에 따른 실행 및 모니터	실행 결과에 대한 평가

② 실행계획 수립

세부 실행내용의 난이도를 고려하여 가급적 구체적으로 세우는 것이 좋으며, 해결
안별 실행계획서를 작성함으로써 실행의 목적과 과정별 진행내용을 일목요연하게
파악하도록 하는 것이 필요하다.

③ 실행 및 후속조치

㉠ 파일럿 테스트를 통해 문제점을 발견하고, 해결안을 보완한 후 대상 범위를 넓
혀서 전면적으로 실시해야 한다. 그리고 실행상의 문제점 및 장애요인을 신속히
해결하기 위해서 모니터링 체제를 구축하는 것이 바람직하다.

㉡ 모니터링 시 고려 사항

> • 바람직한 상태가 달성되었는가?
> • 문제가 재발하지 않을 것을 확신할 수 있는가?
> • 사전에 목표한 기간 및 비용은 계획대로 지켜졌는가?
> • 혹시 또 다른 문제를 발생시키지 않았는가?
> • 해결책이 주는 영향은 무엇인가?

Point / **실행 및 후속조치**

• 문제의 원인을 분석하고, 해결안을 개발한 후에는 실행계획을 수립하여 실제 실행하는
과정이 필요하다.
• 실행 결과를 평가하고, 문제해결이 제대로 이루어졌는지를 확인할 수 있다.

1. 문제해결 절차는 일반적으로 문제 인식, 문제 도출, 원인 분석, 해결안 개발, 실행 및 평가의 5단계를 거친다.

2. 문제 인식 단계는 문제해결과정 중 '무엇을(What)'을 결정하는 단계로, 해결해야 할 전체 문제를 파악하여 우선순위를 정하고, 선정문제에 대한 목표를 명확히 하는 단계를 말한다.

3. 문제 도출 단계는 선정된 문제를 분석하여 해결해야 할 것이 무엇인지를 명확히 하는 단계로, 현상에 대하여 문제를 분해하여 인과관계 및 구조를 파악하는 단계를 말한다.

4. 원인 분석 단계는 파악된 핵심문제에 대한 분석을 통해 근본 원인을 도출해 내는 단계로, 쟁점(Issue) 분석, 데이터 분석, 원인 파악의 절차로 진행된다.

5. 해결안 개발 단계는 문제로부터 도출된 근본 원인을 효과적으로 해결할 수 있는 최적의 해결방안을 수립하는 단계를 말한다.

6. 실행 및 평가 단계는 해결안 개발을 통해 만들어진 실행계획을 실제 상황에 적용하는 활동으로, 당초 장애가 되는 문제의 원인들을 해결안을 사용하여 제거해 나가는 단계를 말한다.

01 문제란 해결하기를 원하지만 실제로 해결해야 하는 방법을 모르고 있는 상태를 말한다.

02 발생형 문제란 현재의 상황을 개선하거나 효율을 높이기 위한 문제를 말한다.

03 앞으로 어떻게 할 것인가에 대한 문제는 설정형 문제라고 한다.

04 문제해결을 위한 기본요소에는 문제해결방법에 대한 지식, 문제에 대한 체계적인 접근, 문제해결자의 도전의식 등을 들 수 있다.

05 현상 및 원인분석 전에 일의 과정이나 결론을 가정한 후 일을 수행하는 것은 가설 지향의 문제에 해당한다.

06 객관적 사실로부터 사고와 행동을 시작하는 것은 성과 지향의 문제에 해당한다.

07 깊이 있는 커뮤니케이션을 통해 서로의 문제점을 이해하고 공감함으로써 창조적으로 문제를 해결하는 방법을 퍼실리테이션에 의한 문제해결방법이라고 한다.

08 창의적 사고란 기존의 정보를 객관적으로 분석하는 것을 말한다.

09 자유 연상법은 생각나는 대로 자유롭게 발상하는 방법으로, 체크리스트가 대표적인 방법이다.

10 비교 발상법은 주제의 본질과 닮은 것을 힌트로 발상해 내는 것으로, NM법이나 Synetics가 대표적이다.

01 ○ 02 × 03 ○ 04 ○ 05 ○ 06 × 07 ○ 08 × 09 × 10 ○

02 탐색형 문제에 대한 설명이다. 발생형 문제란 현재 직면하여 해결하기 위해 고민하는 문제를 말한다.

06 사실 지향의 문제에 대한 설명이다. 성과 지향의 문제란 기대하는 결과를 명시하고 효과적으로 달성하는 방법을 사전에 구상하는 것을 말한다.

08 논리적 사고 혹은 비판적 사고에 대한 설명이다. 창의적 사고란 당면한 문제를 해결하기 위해 경험적 지식을 해체하여 새로운 아이디어를 다시 도출하는 것을 말한다.

09 자유 연상법의 대표적인 방법은 브레인스토밍이며, 체크리스트는 강제 연상법의 대표적인 방법이다.

03

11 논리적인 사고의 구성요소에서 자신의 사상을 강요하지 않고 자신이 함께 일을 진행하는 상대와 의논해 나가는 가운데, 자신이 깨닫지 못했던 새로운 가치를 발견하고 생각해 낼 수 있는 과정은 설득에 해당한다.

12 비판적 사고의 주요 목적은 어떤 주장의 단점을 파악하려는 데 있다.

13 비판적 사고를 방해하는 것으로, 사물을 바라보는 편협적인 시각을 의미하는 것을 고정관념이라고 한다.

14 기업 내부의 강점·약점과 외부 환경의 기회·위협요인을 분석 평가하고 이들을 서로 연관 지어 전략을 개발하고 문제해결방안을 개발하는 방법을 MECE 사고라고 한다.

15 전체 문제를 세부 문제로 쪼개는 과정을 통해 문제의 구조를 파악하는 방법을 Logic Tree 방법이라고 한다.

16 해결안을 평가하고 채택할 때 사용되는 실현 가능성의 평가 기준은 개발 기간, 고객 만족, 적용 가능성 등을 들 수 있다.

17 해결안 평가 및 최적안 선정은 문제(What), 원인(Why), 방법(How)을 고려해서 해결안을 평가하고 가장 효과적인 해결안을 선정해야 한다.

18 실행계획을 수립할 때에는 실행상의 문제점을 해결하기 위한 모니터링 체제를 구축해야 한다.

19 브레인스토밍은 미국의 알렉스 오즈번이 고안한 그룹발산기법으로, 창의적인 사고를 위한 발산방법 중 가장 흔히 사용되는 방법이며, 집단의 효과를 살려서 아이디어의 연쇄반응을 일으켜 자유분방한 아이디어를 내고자 하는 대표적인 기법이다.

20 문제해결 절차 중 선정된 문제를 분석하여 해결해야 할 것이 무엇인지를 명확히 하는 단계는 문제 도출 단계이다.

11 ○　12 ×　13 ○　14 ×　15 ○　16 ×　17 ○　18 ×　19 ○　20 ○

12 비판적 사고의 목적은 단순히 그 주장의 단점을 찾아내는 것이 아니라 종합적인 분석과 검토를 통해서 그 주장이 타당한지 그렇지 않은지를 밝혀내는 것이다.

14 MECE 사고는 상호 간에 중복되지 않고 전체로서 누락없이 생각하는 맥킨지식 문제해결 기법이다.

16 개발 기간, 개발 능력, 적용 가능성은 해결안이 실현 가능한지를 평가하는 기준인 반면, 고객 만족은 해결안의 평가 기준이지만 실현 가능성이 아니라 해결안이 적절한지에 대한 기준이다.

18 모니터링 체제의 구축은 실행 및 후속조치 단계에서 이루어지는 것이다.

03

MEMO

PART 04

자원관리능력

PART 04 자원관리능력

[01] 자원관리능력의 의의

1 자원과 자원관리

① 자원이란?

사전적으로는 인간생활에 도움이 되는 자연계의 일부를 말하며, 물질적 자산(물적
자원), 재정적 자산(예산), 인적 자산(인적자원)으로 나누기도 한다. 최근에는 여기
에 시간도 중요한 자원 중 하나로 보고 있다.

② 자원의 유한성

주어진 시간은 제한되기 마련이어서 정해진 시간을 어떻게 활용하느냐가 중요하며,
예산과 물적자원 역시 제한적일 수밖에 없다. 또한 인적자원 역시 제한된 사람들을
알고 활용할 수밖에 없다. 이러한 자원의 유한성으로 인해 자원을 효과적으로 확보·
유지·활용하는 자원관리는 매우 중요하다고 할 수 있다.

③ 자원낭비의 요인

종류	내용
비계획적 행동	계획 없이 충동적이고 즉흥적으로 행동하여 자신이 활용할 수 있는 자원들을 낭비하게 되는 것
편리성 추구	자원을 활용하는 데 있어서 너무 편한 방향으로만 활용하는 것
자원에 대한 인식 부재	자신이 가지고 있는 중요한 자원을 인식하지 못하는 것
노하우 부족	자원관리의 중요성을 인식하면서도 효과적인 방법을 활용할 줄 모르는 것

2 자원관리의 과정

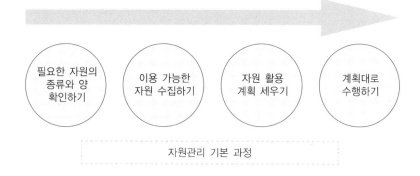

자원관리 기본 과정

① 필요한 자원의 종류와 양 확인하기

업무를 추진하는 데 있어서 어떤 자원이 필요하며, 또 얼마만큼 필요한지를 파악하는 단계이다. 구체적으로 어떤 활동을 할 것이며, 이 활동에 어느 정도의 시간, 돈, 물적·인적자원이 필요한지를 파악한다.

② 이용 가능한 자원 수집하기

실제 준비나 활동을 하는 데 있어서 계획과 차이를 보이는 경우가 빈번하기 때문에 여유 있게 확보하는 것이 안전하다.

③ 자원 활용 계획 세우기

자원을 실제 필요한 업무에 할당하여 계획을 세워야 하며, 목적을 이루는 데 핵심이 되는 것에 우선순위를 두고 계획을 세울 필요가 있다.

④ 계획대로 수행하기

업무 추진의 단계로, 계획에 맞게 업무를 수행해야 하는 단계이다. 최대한 계획대로 수행하는 것이 바람직하며, 불가피하게 수정해야 하는 경우에는 전체 계획에 미칠 수 있는 영향을 고려해야 한다.

1. 업무를 수행하면서 많은 자원을 활용하게 되는데, 이러한 자원의 종류에는 크게 시간, 예산, 물적자원, 인적자원이 있다.

2. 자원을 효과적으로 관리해야 하는 이유는 자원이 무한정 있는 것이 아니라 제한 적으로 존재하기 때문이며, 이를 자원의 유한성이라고 한다.

3. 자원관리능력인 시간관리능력, 예산관리능력, 물적자원관리능력, 인적자원관리 능력은 매우 중요하며, 이 능력은 업무 성과에 영향을 미칠 수 있다.

4. 일반적으로 자원을 낭비하게 되는 요인은 비계획적 행동, 편리성 추구, 자원에 대한 인식 부재, 노하우 부족의 네 가지 형태로 나타난다.

5. 자원을 적절하게 관리하기 위해서는 필요한 자원의 종류와 양 확인하기, 이용 가능한 자원 수집하기, 자원 활용 계획 세우기, 계획대로 수행하기의 과정을 거쳐야 한다.

6. 필요한 자원의 종류와 양을 확인할 때는 구체적으로 파악하는 것이 중요하며, 자원을 수집할 때는 여유 있게 수집하는 것이 바람직하다. 또한 자원 활용 계획 을 세우는 데 있어 업무의 우선순위를 고려해야 할 것이며, 되도록 계획에 맞춰 수행하는 것이 바람직하다.

[02] 시간자원관리능력

❶ 시간자원관리능력의 의의

① 시간의 특성

- 시간은 똑같은 속도로 흐른다.
- 시간의 흐름은 멈추게 할 수 없다.
- 시간은 빌리거나 저축할 수 없다.
- 시간은 어떻게 사용하느냐에 따라 가치가 달라진다.
- 시간은 시기에 따라 밀도·가치가 다르다.

② 시간자원관리의 효과

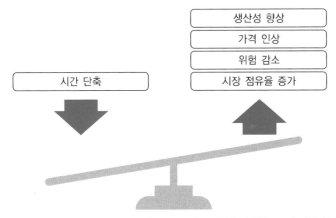

※ 가격 인상은 기업의 입장에서 일을 수행할 때 소요되는 시간을 단축함으로써 비용이 절감되고, 상대적으로 이익이 늘어남으로써 사실상 가격 인상 효과가 있다는 의미이다.

> **Point** 〉 **시간자원관리의 이점**
>
> - 스트레스가 줄어든다.
> - 균형적인 삶을 살 수 있다.
> - 생산성을 높일 수 있다.
> - 내가 바라던 목표를 달성할 수 있다.

2 시간낭비

① 시간낭비의 요인

- 목적이 불명확하다.
- 하루의 계획이 구체적이지 않다.
- 팀워크가 부족하다.
- 예정 외의 방문자가 많다.
- 불완전하거나 지연된 정보가 많다.
- 일을 끝내지 않고 남겨둔다.
- 회의 시간이 길다.
- 통지 문서가 많다.
- 권한 위임을 충분히 하지 않는다.
- 우선순위가 없이 일을 한다.
- 장래의 일에 도움이 되지 않는 일을 한다.
- 파일링 시스템이 부적당하다.
- 일에 대한 의욕이 없다.
- 'No'라고 말하지 못한다.
- 메모 회람이 많다.

- 모든 것의 사실을 알고 싶어 한다.
- 초조하고 성질이 급하다.
- 권한을 위임한 업무에 대해 관리가 부족하다.
- 여러 가지 일을 한 번에 많이 다룬다.
- 서류 정리를 하다가 서류를 숙독한다.
- 메모 등을 찾는 시간이 오래 걸리는 편이다.
- 일을 느긋하게 처리하는 경향이 있다.
- 기다리는 시간이 많다.
- 책상 위가 항상 번잡하다.
- 전화를 너무 많이 한다.
- 극기심이 결여되어 있다.
- 주의가 산만하다.
- 회의에 대한 준비가 불충분하다.
- 잡담이 많다.

② 시간관리에 대한 오해

시간관리는 상식에 불과하다. 나는 회사에서 일을 잘하고 있기 때문에 시간관리도 잘한다고 말할 수 있다.

나는 시간에 쫓기면 일을 더 잘하는데, 시간을 관리하면 오히려 나의 이런 강점이 없어질지도 모른다.

시간관리에 대한 오해

나는 약속을 표시해 둔 달력과 해야 할 일에 대한 목록만으로 충분하다.

시간관리 자체는 유용할지 모르나, 창의적인 일을 하는 나에게는 잘 맞지 않는다. 나는 일상적인 업무에 얽매이는 것이 싫다.

3 시간계획

① 시간계획의 의의

시간이라고 하는 자원을 최대한 활용하기 위하여 가장 많이 반복되는 일에 가장 많은 시간을 분배하고, 최단시간에 최선의 목표를 달성하는 것을 의미한다.

② 시간계획 작성의 순서

㉠ 명확한 목표 설정

㉡ 일의 우선순위 판단(Stenphen R. Covey)

중요성	결과와 연관되는 사명과 가치관, 목표에 기여하는 정도
긴급성	즉각적인 처리가 요구되고 눈앞에 보이며, 심리적으로 압박감을 주는 정도

<table>
<tr><td></td><td>긴급함</td><td>긴급하지 않음</td></tr>
<tr><td rowspan="1">중
요
함</td><td>Ⅰ 긴급하면서 중요한 일
• 위기상황
• 급박한 문제
• 기간이 정해진 프로젝트</td><td>Ⅱ 긴급하지 않지만 중요한 일
• 예방 생산 능력 활동
• 인간관계 구축
• 새로운 기회 발굴
• 중장기 계획, 오락</td></tr>
<tr><td>중
요
하
지
않
음</td><td>Ⅲ 긴급하지만 중요하지 않은 일
• 잠깐의 급한 질문
• 일부 보고서 및 회의
• 눈앞의 급박한 상황
• 인기 있는 활동</td><td>Ⅳ 긴급하지 않고 중요하지 않은 일
• 바쁜 일, 하찮은 일
• 우편물, 전화
• 시간낭비거리
• 즐거운 활동</td></tr>
</table>

㉢ 예상 소요 시간 결정

모든 일의 자세한 계산을 할 필요는 없으나, 규모가 크거나 힘든 일의 경우에는 정확한 소요 시간을 계산하여 결정하는 것이 효과적이다.

㉣ 시간 계획서 작성

해야 할 일의 우선순위와 소요 시간을 바탕으로 작성하며 간단한 서식, 일정관리 소프트웨어 등 다양한 도구를 활용할 수 있다.

③ 60 : 40의 법칙

계획된 행동(60%)	계획 외의 행동(20%)	자발적 행동(20%)
←──────────────── 총 시간 ────────────────→		

④ 시간계획 시 고려요소

종류	내용
행동과 시간 / 저해요인의 분석	어디에서 어떻게 시간을 사용하고 있는가를 점검해야 함
일과 행동의 목록화	해당 기간에 예정된 행동을 모두 목록화해야 함
규칙성 – 일관성	시간계획을 정기적 체계적으로 체크하여 일관성 있게 일을 마칠 수 있게 해야 함
현실적인 계획	무리한 계획을 세우지 않도록 해야 하며, 실현가능한 것만을 계획해야 함
유연성	머리를 유연하게 하여야 함. 시간계획은 그 자체가 중요한 것이 아니고, 목표달성을 위해 필요한 것
시간의 손실	발생된 시간 손실은 가능한 한 즉시 메워야 함. 밤을 세우더라도 미루지 않는 자세가 중요함
기록	체크리스트나 스케줄표를 활용하여 계획을 반드시 기록하여 전체상황을 파악할 수 있게 하여야 함
미완료된 일	꼭 해야만 할 일을 끝내지 못했을 경우 차기 계획에 반영함
성과	예정 행동만을 계획하는 것이 아니라 기대되는 성과나 행동의 목표도 기록해야 함
시간 프레임	적절한 시간 프레임을 설정하고 특정의 일을 하는 데 소요되는 꼭 필요한 시간만을 계획에 삽입할 것
우선순위	여러 일 중에서 어느 일을 가장 우선적으로 처리해야 할 것인가를 결정하여야 함
권한위양	기업의 규모가 커질수록 그 업무활동은 점점 복잡해져서 관리자가 모든 것을 다스리기가 어려우므로 사무를 위임하고 책임을 지움
시간의 낭비요인	예상 못한 방문객 접대·전화 등의 사건으로 예정된 시간이 부족할 경우를 대비하여 여유 시간을 확보해야 함
여유 시간	자유롭게 된 시간(이동시간 또는 기다리는 시간)도 계획에 삽입하여 활용할 것
정리 시간	중요한 일에는 좀 더 시간을 할애하고 중요도가 낮은 일에는 시간을 단축시켜 전체적인 계획을 정리해야 함
시간계획의 조정	자기 외 다른 사람(비서·부하·상사)의 시간계획을 감안하여 계획을 수립해야 함

1. 시간은 똑같이 주어지지만, 그것을 어떻게 활용하느냐에 따라서 가치가 달라진다. 또한 시간은 멈추거나 저축할 수 없다.

2. 기업의 입장에서는 작업 소요 시간을 절약함으로써 생산성 향상, 가격 인상, 위험 감소, 시장 점유율 증가 효과를 볼 수 있다.

3. 시간관리를 해야 하는 진정한 이유는 시간의 통제가 아니라 시간을 제대로 활용함으로써 삶이나 업무의 여러 가지 문제를 개선하는 데 있다. 그중 가장 대표적인 것으로 스트레스 관리, 균형적인 삶, 생산성 향상, 목표 성취를 들 수 있다.

4. 시간을 낭비하게 하는 요인들은 곳곳에 산재해 있다. 특히 직장에서는 팀워크 및 커뮤니케이션 부족, 권한 위임의 부족 등 다양한 요소에 의해 시간을 낭비하게 된다. 이와 더불어 사람들의 잘못된 인식도 시간 낭비에 매우 크게 작용한다.

5. 자신의 시간자원을 최대한 활용하기 위하여 가장 많이 반복되는 일에 가장 많은 시간을 분배하고, 최단시간에 최선의 목표를 달성하는 것을 시간계획이라 한다.

6. 시간계획을 적절하게 세우기 위해서 가장 기본적인 것은 60 : 40의 법칙을 지키는 것이다. 이는 계획된 행동에 60%, 비계획된 행동 40%(계획 외의 행동 20%, 자발적 행동 20%)를 할애하는 것을 의미한다.

7. 효과적인 시간계획을 위해 알아야 하는 사항에는 행동과 시간 / 저해요인의 분석, 일과 행동의 목록화, 규칙성 – 일관성, 현실적인 계획, 유연성(Flexibility), 시간의 손실, 기록, 미완료의 일, 성과, 시간 프레임(Time Frame), 우선순위, 권한 위양, 시간의 낭비요인, 여유 시간, 정리 시간, 시간계획의 조정 등이 있다.

04

[03] 예산자원관리능력

1 예산자원관리능력의 의의

① 예산이란?

필요한 비용을 미리 헤아려 계산하는 것 또는 그 비용을 의미한다.

② 예산자원관리

아무리 예산을 정확하게 수립하였다 하더라도 활동이나 사업을 진행하는 과정에서 계획에 따라 적절히 관리하지 않으면 아무런 효과가 없다. 따라서 활동이나 사업에 소요되는 비용을 산정하고, 예산을 편성하는 것뿐만 아니라 예산을 통제하는 과정이 필요하며, 이 과정을 예산자원관리라 한다.

③ 예산자원관리의 필요성

예산자원관리란 이용 가능한 예산을 확인하고, 어떻게 사용할 것인지 계획하여 그 계획대로 사용하는 능력을 의미하며, 최소의 비용으로 최대의 효과를 얻기 위해 요구된다.

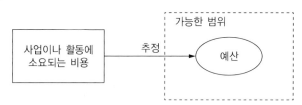

④ 예산책정의 원칙

2 예산의 구성요소

① 직접비용

간접비용에 상대되는 용어로, 제품 생산 또는 서비스를 창출하기 위해 직접 소비된 것으로 여겨지는 비용을 말한다.

② 직접비용의 구성

종류	내용
재료비	제품의 제조를 위하여 구매된 재료에 지출된 비용
원료와 장비	제품을 제조하는 과정에서 소모된 원료나 과제를 수행하기 위해 필요한 장비에 지출된 비용. 이 비용에는 실제 구매·임대한 비용이 모두 포함
시설비	제품을 효과적으로 제조하기 위한 목적으로 건설되거나 구매된 시설에 지출한 비용
여행(출장)경비 및 잡비	제품 생산 또는 서비스를 창출하기 위해 출장이나 타 지역으로의 이동이 필요한 경우와 기타 과제 수행에서 발생하는 다양한 비용을 포함
인건비	제품 생산 또는 서비스 창출을 위한 업무를 수행하는 사람들에게 지급되는 비용. 계약에 의해 고용된 외부 인력에 대한 비용도 포함

③ 간접비용

제품을 생산하거나 서비스를 창출하기 위해 소비된 비용 중에서 직접비용을 제외한 비용으로, 제품 생산에 직접 관련되지 않은 비용을 말한다.

예 보험료, 건물관리비, 광고비, 통신비, 사무비품비, 각종 공과금 등

04

Point 직접비용과 간접비용

• 직접비용 : 컴퓨터 구입비, 빔 프로젝터 대여료, 인건비, 출장 교통비, 건물 임대료 등
• 간접비용 : 보험료, 건물관리비, 광고비, 통신비 등

3 예산수립과 예산집행

① 예산수립 절차

② 필요한 과업 및 활동 규명 : 과업세부도

과제 및 활동의 계획을 수립하는 데 있어서 가장 기본적인 수단으로 활용되는 그래프로, 필요한 모든 일을 중요한 범주에 따라 체계화시켜 구분해 놓은 것을 말한다. 다음은 생일파티를 진행하기 위한 과업세부도의 예이다.

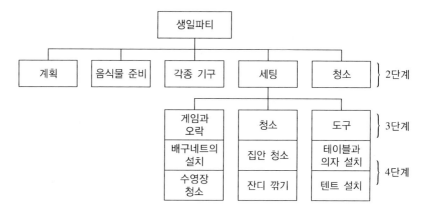

③ 우선순위 결정

과제를 핵심적인 활동과 부수적인 활동으로 구분한 후 핵심활동 위주로 예산을 편성한다.

④ 예산 배정

> • 과업세부도와 예산을 서로 연결하여 배정할 경우 어떤 항목에 얼마만큼의 비용이 소요되는지를 정확하게 파악할 수 있다.
> • 과제 수행에 필요한 예산 항목을 빠뜨리지 않고 확인할 수 있으며, 전체 예산을 정확하게 분배할 수 있다.
> • 큰 단위의 예산을 수립하고자 할 때에는 해당 기관의 규정을 잘 확인해야 한다.

⑤ 예산 집행

효과적으로 예산을 관리하기 위해서는 예산 집행 과정에 대한 관리가 중요하다. 개인 차원에서는 가계부 등을 작성함으로써 관리할 수 있으며, 프로젝트나 과제와 같은 경우는 예산 집행 실적 워크시트를 작성함으로써 효과적인 예산관리를 할 수 있다.

⑥ 예산 집행 실적 워크시트

예산 집행 실적						
항목	배정액	당월 실적	누적 실적	잔액	사용률(%)	비고
합계						

1. 예산은 필요한 비용을 미리 헤아려 계산하는 것 또는 그 비용을 의미한다. 하지만 대부분 하나의 사업이나 활동에 정해진 예산 범위가 있으며, 예산 계획을 잘 세우고 적절히 관리하는 것은 매우 중요하다.

2. 기업에서 개발 사업에 대한 예산을 책정할 때 개발 책정 비용을 실제보다 높게 책정하면 경쟁력을 잃어버리게 되고, 반대로 낮게 책정하면 개발 자체가 이익을 주는 것이 아니라 오히려 적자가 나는 경우가 발생할 수 있다. 따라서 실제 비용과 가장 비슷하게 책정하는 것이 바람직하다.

3. 예산관리는 활동이나 사업에 소요되는 비용을 산정하고 예산을 편성하는 것뿐만 아니라 예산을 통제하는 것을 모두 포함하는 과정이라고 할 수 있다.

4. 비용은 일반적으로 직접비용과 간접비용으로 구분된다. 직접비용은 제품 또는 서비스를 창출하기 위해 직접 소요되는 비용으로, 재료비, 원료와 장비, 시설비, 여행(출장) 및 잡비, 인건비 등을 포함한다. 간접비용은 생산에 직접 관련되지 않는 비용으로, 보험료, 건물관리비, 광고비, 통신비 등을 포함한다.

5. 효과적으로 예산을 수립하기 위해서는 필요한 과업 및 활동 구명, 우선순위 결정, 예산 배정의 단계를 거쳐야 한다. 또한 과업세부도를 활용하여 과업을 구명하고 예산을 비교함으로써 효과적으로 예산을 수립할 수 있다.

6. 효과적으로 예산을 관리하기 위해서는 예산 집행 과정에 대한 관리가 중요하다. 개인 차원에서는 가계부 등을 작성해 관리할 수 있으며, 프로젝트나 과제와 같은 경우 예산 집행 실적을 워크시트로 작성하면 효과적인 예산관리가 될 수 있다.

[04] 물적자원관리능력

1 물적자원관리의 의의

① 물적자원의 종류

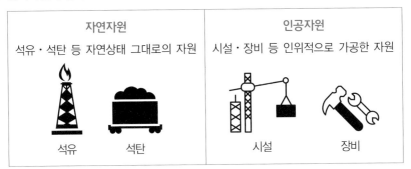

자연자원	인공자원
석유·석탄 등 자연상태 그대로의 자원	시설·장비 등 인위적으로 가공한 자원
석유 석탄	시설 장비

② 물적자원관리의 중요성

물적자원을 효과적으로 관리하면 경쟁력 향상과 더불어 과제 및 사업의 성공이 가능하지만, 이를 효과적으로 관리하지 않으면 경제적 손실과 더불어 과제 및 사업의 실패를 낳을 수 있다.

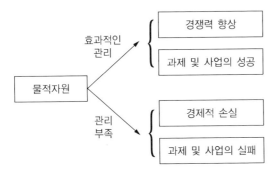

③ 물적자원 활용의 방해요인

- 보관 장소를 파악하지 못하는 경우
- 훼손된 경우
- 분실한 경우
- 분명한 목적 없이 물건을 구입한 경우

2 물적자원관리 과정과 기법

 물적자원관리의 과정

사용 물품 및 보관 물품의 구분	• 물품활용의 편리성 • 반복 작업 방지
↓	
동일 물품 및 유사 물품의 분류	• 동일성의 원칙 • 유사성의 원칙
↓	
물품 특성에 맞는 보관 장소 선정	• 물품의 형상 • 물품의 소재

 바코드와 QR코드

바코드	• 컴퓨터가 쉽게 판독하고 데이터를 빠르게 입력하기 위하여 굵기가 다른 검은 막대와 하얀 막대를 조합시켜 문자나 숫자를 코드화한 것
QR코드	• 격자무늬 패턴으로 정보를 나타내는 매트릭스 형식의 바코드 • 바코드가 용량 제한에 따라 가격과 상품명 등 한정된 정보만 담는 데 비해, QR코드는 넉넉한 용량을 강점으로 다양한 정보를 담을 수 있음

Point 전자태그(RFID) 물품관리 시스템

• 물품에 RFID 태그를 부착하여 취득, 보관, 사용, 처분까지 물품의 수명기간 동안 실시간, 무선으로 물품을 추적 관리하는 시스템이다.

• RFID 관리시스템 구축으로 인해 63 ~ 87%의 생산성이 향상될 것으로 기대되고, 장부에 의한 재물조사 방식에 비해 시간이 약 75% 절감된다.

1. 물적자원은 크게 자연자원과 인공자원으로 나눌 수 있다. 자연자원은 석유 및 석탄 등 자연상태 그대로의 자원을, 인공자원은 시설 및 장비 등 인위적으로 가공한 자원을 뜻한다.

2. 물적자원을 효과적으로 관리하면 경쟁력 향상과 과제 및 사업의 성공이 가능하지만, 관리를 소홀히 하게 되면 경제적 손실과 더불어 과제 및 사업의 실패를 낳을 수 있다. 따라서 물적자원을 적절히 관리하는 것은 매우 중요하다.

3. 물적자원을 적절하게 활용하지 못하는 원인들을 살펴 보면 물적자원의 보관 장소를 파악하지 못하는 경우, 물적자원이 훼손된 경우, 물적자원을 분실한 경우 등이 있다.

4. 분명한 활용 목적 없이 구입한 물품의 경우 관리에 소홀해지기 쉬우며, 이로 인해 실제 필요한 상황에서 제대로 활용하지 못하게 되는 경우가 발생한다.

5. 물적자원을 효과적으로 관리하기 위해서는 사용 물품 및 보관 물품의 구분, 동일 물품 및 유사 물품의 분류, 물품 특성에 맞는 보관 장소 선정의 단계를 거쳐야 한다.

6. 다량의 물적자원을 관리하기 위해서는 바코드의 원리를 활용하는 것이 효과적이다. 바코드는 문자나 숫자를 흑과 백의 막대모양 기호로 조합한 것으로, 컴퓨터가 판독하기 쉽고 데이터를 빠르게 입력하기 위한 것이다. 자신의 물적자원을 바코드처럼 기호화하여 정리해 두면 관리에 더욱 효과적일 것이다.

04

[05] 인적자원관리능력

1 인적자원의 의의

① 인적자원관리란?

> • 기업이 필요한 인적자원을 조달·확보·유지·개발하여 경영조직 내에서 구성원들이 능력을 최고로 발휘하게 하는 것
> • 근로자 스스로가 자기만족을 얻게 하는 동시에 경영 목적을 효율적으로 달성하게끔 관리하는 것

② 효율적이고 합리적인 인사관리 원칙

종류	내용
적재적소 배치의 원칙	해당 직무 수행에 가장 적합한 인재를 배치해야 함
공정 보상의 원칙	근로자의 인권을 존중하고 공헌도에 따라 노동의 대가를 공정하게 지급해야 함
공정 인사의 원칙	직무 배당·승진·상벌·근무 성적의 평가·임금 등을 공정하게 처리해야 함
종업원 안정의 원칙	직장에서 신분이 보장되고 계속해서 근무할 수 있다는 믿음을 갖게 하여 근로자가 안정된 회사 생활을 할 수 있도록 해야 함
창의력 계발의 원칙	근로자가 창의력을 발휘할 수 있도록 새로운 제안·건의 등의 기회를 마련하고, 적절한 보상을 하여 인센티브를 제공해야 함
단결의 원칙	직장 내에서 구성원들이 소외감을 갖지 않도록 배려하고, 서로 유대감을 가지고 협동·단결하는 체제를 이루도록 해야 함

2 개인차원과 조직차원에서의 인적자원관리

① 개인차원에서의 인적자원관리

　㉠ 인맥

　　사전적 의미로 정계·재계·학계 따위에서 형성된 사람들의 유대 관계라고 하
　　지만 이에 국한하지 않고 모든 개인에게 적용되는 개념으로, 자신이 알고 있거
　　나 관계를 형성하고 있는 사람들, 일반적으로 가족이나 친구, 직장동료, 선·후
　　배, 동호회 등 다양한 사람들을 포함한다.

　㉡ 인맥의 분류

종류	내용
핵심인맥	자신과 직접적인 관계가 있는 사람들
파생인맥	핵심인맥으로부터 파생되어 자신과 연결된 사람들

　㉢ 개인이 인맥을 활용할 경우 이를 통해 각종 정보와 정보의 소스를 획득하고, 참
　　신한 아이디어와 해결책을 도출하며, 유사시 필요한 도움을 받을 수 있다는 장
　　점이 있다.

② 조직차원에서의 인적자원관리

　㉠ 인적자원관리의 중요성

　　기업체의 경우 인적자원에 대한 관리가 조직의 성과에 큰 영향을 미치는데, 이
　　는 기업의 인적자원이 가지는 특성에서 비롯된다.

　㉡ 인적자원의 특성

종류	내용
능동성	물적자원으로부터의 성과는 자원 자체의 양과 질에 의해 지배되는 수동적인 특성을 지니고 있는 반면, 인적자원의 경우는 욕구와 동기, 태도와 행동 그리고 만족감 여하에 따라 성과가 결정됨
개발가능성	인적자원은 자연적인 성장과 성숙·교육 등을 통해 개발될 수 있는 잠재능력과 자질을 보유하고 있음
전략적 중요성	조직의 성과는 인적자원, 물적자원 등을 효과적이고 능률적으로 활용하는 데 달려 있음

3 인맥관리방법

① 명함관리

ⓐ 명함의 가치

- 자신의 신분을 증명한다.
- 자신을 PR하는 도구로 사용할 수 있다.
- 자신의 정보를 전달하고 상대방에 대한 정보를 얻을 수 있다.
- 대화의 실마리를 제공할 수 있다.
- 후속 교류를 위한 도구로 사용할 수 있다.

ⓑ 명함에 메모해 두면 좋은 정보

- 언제, 어디서, 무슨 일로 만났는지에 대한 내용
- 소개자의 이름
- 학력이나 경력
- 상대의 업무내용이나 취미, 기타 독특한 점
- 전근·전직 등의 변동 사항
- 가족사항
- 거주지와 기타 연락처
- 대화를 나누고 나서의 느낀 점이나 성향

② 인맥관리카드

자신과 직접적인 관계를 가지는 '핵심인맥'과 핵심인력으로부터 파생된 '파생인맥'을 구분하여 작성하는 것이 좋다. 특히 파생인맥카드에는 어떤 관계에 의해 파생되었는지를 기록하는 것이 필요하다.

③ 소셜네트워크(SNS; Social Network Service)

ⓐ 초연결사회

정보통신기술이 발달하면서 사람·정보·사물 등을 네트워크로 촘촘하게 연결한 사회를 말하는데, 초연결사회에서는 직접 대면하지 않고 시간과 공간을 초월하여 네트워크상에서 인맥을 형성하고 관리한다.

ⓑ 소셜네트워크 서비스(SNS)와 더불어 인맥 구축과 채용에 도움이 되는 비즈니스 특화 인맥관리서비스(BNS; Business Social Network Service)로 관심이 증대되고 있다.

4 인력배치의 원리

① 인력배치의 3원칙

ㄱ 적재적소주의

팀의 효율성을 높이기 위해 팀원의 능력이나 성격 등을 바탕으로 적합한 위치에 배치하여 팀원 개개인의 능력을 최대로 발휘해 줄 것을 기대하는 것이다. 배치는 작업이나 직무가 요구하는 요건, 개인이 보유하고 있는 조건이 서로 균형 있고 적합하게 대응되어야 성공할 수 있다.

ㄴ 능력주의

개인에게 능력을 발휘할 수 있는 기회와 장소를 부여하고, 그 성과를 바르게 평가하고, 평가된 능력과 실적에 대해 상응하는 보상을 주는 원칙을 말한다.

ㄷ 균형주의

모든 팀원에 대한 평등한 적재적소, 즉 팀 전체의 적재적소를 고려할 필요가 있다는 것이다. 팀 전체의 능력 향상, 의식 개혁, 사기 양양 등을 도모하는 의미에서 전체와 개체가 균형을 이루어야 한다.

② 배치의 세 가지 유형

종류	내용
양적 배치	부분의 작업량과 조업도, 여유 또는 부족 인원을 감안하여 소요인원을 결정하여 배치하는 것
질적 배치	적재적소주의와 동일한 개념
적성 배치	팀원의 적성 및 흥미에 따라 배치하는 것

③ 과업세부도

할당된 과업에 따른 책임자와 참여자를 명시하여 관리함으로써 업무 추진에 차질이 생기는 것을 막기 위한 문서이다. 다음은 과업세부도의 예이다.

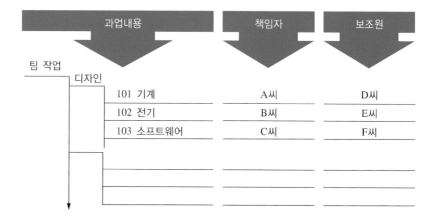

1. 조직차원에서 인적자원은 조직에 고용된 사람을 말하는 것으로, 조직의 리더나 관리자들은 인적자원의 중요성을 인식하고 있다.

2. 개인차원에서 인적자원은 인맥(人脈)을 가리키며, 이는 자신이 알고 있거나 관계를 형성하고 있는 사람들을 나타내는 것을 말한다. 인맥에는 자신과 직접관계를 가지는 핵심인맥, 핵심인맥으로부터 파생되어 관계를 가지는 파생인맥이 있다.

3. 인적자원의 특성은 능동성, 개발가능성, 전략적 중요성으로 구분할 수 있다. 능동성이란 인적자원의 욕구와 동기, 태도와 행동, 만족감 등에 의해 성과가 결정된다는 것이다. 개발가능성은 잠재능력과 자질을 보유하고 있는 것이 인적자원이라는 것이며, 전략적 중요성은 다른 모든 자원을 활용하는 것이 바로 사람이기 때문에 인적자원이 전략적으로 매우 중요하다는 것을 의미한다.

4. 인적자원, 즉 인맥을 효과적으로 관리하기 위한 방법으로는 명함관리와 인맥관리카드, 소셜네트워크(SNS) 등이 있다. 인맥관리카드는 핵심인맥카드와 파생인맥카드를 따로 작성하는 것이 효과적이다. 최근에는 소셜네트워크(SNS)를 이용하여 네트워크상에서 인맥을 형성하고 관리하며, 특히 인맥구축과 채용에 도움이 되는 비즈니스 특화 인맥관리서비스(BNS)에 대한 관심이 증대되고 있다.

5. 팀 작업에서 인적자원관리를 할 때 중요한 것은 인력배치이며, 인력배치의 3원칙으로는 적재적소주의, 능력주의, 균형주의를 들 수 있다.

6. 인력배치 유형에는 소요인원을 결정하여 배치하는 양적 배치, 적재적소의 배치를 뜻하는 질적 배치, 팀원의 적성 및 흥미를 고려하여 배치하는 적성 배치가 있다.

OX 문제

01 자원을 확보하는 데 있어 중요한 것은 실제 수행상에서의 차이 발생에 대비하여 여유 있게 확보하는 것이다.

02 주어진 과제나 활동의 우선순위를 고려하여 달성하고자 하는 최종 목적을 이루는 데 가장 핵심이 되는 것에 우선순위를 두고 자원을 활용하는 계획을 세우는 것은 자원 활용 계획 수립 단계이다.

03 시간계획이란 시간이라는 자원을 최대한 활용하기 위하여 가장 많이 반복되는 일에 가장 많은 시간을 분배하고, 최단시간에 최선의 목표를 달성하는 것을 의미한다.

04 예산은 '필요한 과업 및 활동 구명 → 예산 배정 → 우선순위 결정'의 과정을 거쳐 수립된다.

05 과업세부도란 과제 및 활동의 계획을 수립할 때 가장 기본적인 수단으로 활용되는 그래프로, 필요한 모든 일을 중요한 범주에 따라 체계화하여 구분해 놓은 것이다.

06 회전대응 보관의 원칙은 입·출하의 빈도가 높은 품목은 출입구 가까운 곳에 보관하는 것을 말한다.

07 QR코드란 문자나 숫자를 흑과 백의 막대모양 기호로 조합한 것으로, 컴퓨터가 쉽게 판독하고 데이터를 빠르게 입력하기 위하여 쓰인다.

08 경영 목적이란 조직 목적의 달성에 필요한 기업 내 모든 자원을 조직하기 위한 일련의 방침 및 활동을 말한다.

09 한 가지 유형의 자원이 없다면 다른 자원으로 대체하면 된다.

10 예산관리능력은 최소의 비용으로 최대의 효과를 얻기 위해 요구되는 능력이다.

01 ○ 02 ○ 03 ○ 04 × 05 ○ 06 ○ 07 × 08 × 09 × 10 ○

04 예산은 '필요한 과업 및 활동 규명 → 우선순위 결정 → 예산 배정'의 과정을
    거쳐 수립된다.

07 바코드에 대한 설명이다. QR코드란 격자무늬 패턴으로 정보를 나타내는 매
    트릭스 형식의 바코드를 말한다.

08 기업 경영 목적 달성에 필요한 기업 내 모든 자원에 대한 조직화를 하기 위한
    일련의 방침 및 활동은 경영 전략이다.

09 시간, 예산, 물적·인적자원 중 어느 하나라도 확보되지 않는다면 효율적인
    일을 진행하기 어려우며, 한 가지 유형의 자원이 없다면 다른 유형의 자원
    확보도 어려울 수 있다.

04

11 자원은 기업 활동을 위해 사용되는 모든 시간, 예산, 물적ㆍ인적자원을 의미한다.

12 명함은 자신의 신분을 증명하고 대화의 실마리를 제공할 수 있다.

13 자원관리과정은 자원 확인, 자원 수집, 자원 활용 계획 수립, 계획 수행의 과정으로 이루어진다.

14 예산관리에서 중요한 점은 무조건 적은 비용을 들여야 한다는 것이다.

15 QR코드는 바코드에 비해 정보를 담을 수 있는 용량이 적은 단점이 있다.

16 적재적소 배치의 원리란 해당 직무 수행에 가장 적합한 인재를 배치해야 한다는 것이다.

17 공정 인사의 원칙이란 직장 내에서 구성원들이 소외감을 갖지 않도록 배려하고, 서로 유대감을 가지고 협동ㆍ단결하는 체제를 이루게 하는 것이다.

18 효과적인 물적자원관리를 위해서는 '사용 물품과 보관 물품의 구분 → 동일 및 유사 물품의 분류 → 물품 특성에 맞는 보관 장소 선정'의 단계를 거쳐야 한다.

19 인건비에는 계약에 의해 고용된 외부 인력에 대한 비용도 포함한다.

20 시간계획 수립 시 계획 외의 행동이라 함은 예정 외의 행동에 대비한 시간을 의미한다.

11 ○ 12 ○ 13 ○ 14 × 15 × 16 ○ 17 × 18 ○ 19 ○ 20 ○

14 예산관리에서 중요한 점은 무조건 적은 비용을 들이는 것이 아니라 개발 책정 비용과 실제 비용의 차이를 비슷한 상태로 만드는 것이며, 이것이 가장 이상적인 상태라고 할 수 있다.

15 기존의 바코드는 기본적으로 가로 배열에 최대 20여 자의 숫자 정보만 넣을 수 있는 1차원적 구성이지만, QR코드는 가로·세로를 활용하여 숫자는 최대 7,089자, 문자는 최대 4,296자, 한자도 최대 1,817자 정도를 기록할 수 있는 2차원적 구성이다.

17 단결의 원칙에 대한 설명이다. 공정 인사의 원칙이란 직무 배당·승진·상별·근무 평정·임금을 공평하게 처리해야 한다는 것을 의미한다.

04

PART 05

정보능력

PART 05 정보능력

[01] 정보능력의 의의

1 정보의 의의

① **정보능력의 의미**

컴퓨터를 활용하여 필요한 정보를 수집・분석・활용하는 능력이다.

② **자료(Data)・정보(Information)・지식(Knowledge)**

구분	일반적 정의	사례
자료	객관적 실체를 전달이 가능하게 기호화한 것	스마트폰 활용 횟수
정보	자료를 특정한 목적과 문제해결에 도움이 되도록 가공한 것	20대의 스마트폰 활용 횟수
지식	정보를 체계화하여 보편성을 갖도록 한 것	스마트폰 디자인에 대한 20대의 취향

일반적으로 '자료⊇지식⊇정보'의 포함관계로 나타낼 수 있다.

③ **정보의 특성**

㉠ 적시성 : 정보는 원하는 시간에 제공되어야 한다.

㉡ 독점성 : 정보는 공개가 되고 나면 정보가치가 급감하나(경쟁성), 정보획득에 필요한 비용이 줄어드는 효과도 있다(경제성).

구분	공개 정보	반(半)공개 정보	비(非)공개 정보
경쟁성	낮음	⟶	높음
경제성	높음	⟶	낮음

Point / **자료・정보・지식**

- 자료와 정보 가치의 크기는 상대적이다.
- 정보는 사용자와 사용 시간에 따라 달라질 수 있다.
- 정보는 특정한 상황에 맞도록 평가한 의미 있는 기록이다.
- 정보처리는 자료를 가공해 이용 가능한 정보로 만드는 과정이다.

2 정보화 사회

① 정보화 사회의 의의

정보가 사회의 중심이 되는 사회로, IT기술을 활용해 필요한 정보가 창출되는 사회
이다.

② 정보화 사회의 특징

- 정보의 사회적 중요성이 요구되며, 정보 의존성이 강화된다.
- 전 세계를 하나의 공간으로 여기는 수평적 네트워크 커뮤니케이션이 가능해진다.
- 경제 활동의 중심이 유형화된 재화에서 정보·서비스·지식의 생산으로 옮겨
  간다.
- 정보의 가치 생산을 중심으로 사회 전체가 움직이게 된다.

③ 미래 사회의 특징

- 지식 및 정보 생산 요소에 의한 부가가치 창출
- 세계화의 진전
- 지식의 폭발적 증가

④ 정보화 사회의 필수 행위

정보 검색, 정보 관리, 정보 전파

Point 미래 사회의 6T

정보기술(IT), 생명공학(BT), 나노기술(NT), 환경기술(ET), 문화산업(CT), 우주항공기술
(ST)

3 컴퓨터의 활용 분야

① 기업 경영 분야

경영정보시스템(MIS) 의사결정지원시스템(DSS)	기업 경영에 필요한 정보를 효과적으로 활용하도록 지원해 경영자가 신속하게 의사결정을 할 수 있게 함
전략정보시스템(SIS)	기업의 전략을 실현해 경쟁 우위를 확보하기 위해 사용함
사무자동화(OA)	문서작성과 보관의 자동화, 전자 결재 시스템이 도입되어 업무 처리의 효율을 높여 줌
전자상거래(EC)	기업의 입장에서는 비용을 절감할 수 있으며, 소비자는 값싸고 질 좋은 제품을 구매할 수 있게 함

② 행정 분야

행정 데이터베이스	민원 처리, 행정 통계 등의 행정 관련 정보의 데이터베이스 구축
행정 사무자동화	민원 서류의 전산 발급

③ 산업 분야

공업	컴퓨터를 이용한 공정 자동화
산업	산업용 로봇의 활용
상업	POS 시스템

Point 전자상거래(EC)

- 홈쇼핑, 홈뱅킹, 인터넷 서점 등이 이에 해당한다.
- 모든 기업과 모든 소비자를 대상으로 기업의 상품, 서비스가 제공된다.
- 전자상거래가 활성화되면 기업은 물류 비용을 줄일 수 있으며, 소비자는 값싸고 질 좋은 제품을 집에서 구매할 수 있게 된다.
- 컴퓨터나 정보통신망 등 전자화된 기술을 이용해 기업과 소비자가 상품과 서비스를 사고파는 것을 의미한다.

4 정보처리 과정

| 기획 | → | 수집 | → | 관리 | → | 활용 |

① 기획

정보 활동의 가장 첫 단계이며, 정보 관리의 가장 중요한 단계이다.

5W	What(무엇을)	정보의 입수대상을 명확히 함
	Where(어디에서)	정보의 소스를 파악함
	When(언제)	정보의 요구시점을 고려함
	Why(왜)	정보의 필요 목적을 염두에 둠
	Who(누가)	정보 활동의 주체를 확정함
2H	How(어떻게)	정보의 수집 방법을 검토함
	How Much(얼마나)	정보 수집의 효용성을 중시함

② 수집

ⓐ 다양한 정보원으로부터 목적에 적합한 정보를 입수하는 것이다.

ⓑ 정보 수집의 최종적인 목적은 '예측'을 잘하기 위함이다.

③ 관리

ⓐ 수집된 다양한 형태의 정보를 사용하기 쉬운 형태로 바꾸는 것이다.

ⓑ 정보 관리의 3원칙

목적성	사용 목적을 명확히 설명해야 함
용이성	쉽게 작업할 수 있어야 함
유용성	즉시 사용할 수 있어야 함

④ 활용

최신 정보기술을 통한 정보들을 당면한 문제에 활용하는 것이다.

> **Point** 　**정보활용능력의 세부 내용**
>
> * 정보가 필요하다는 문제 상황을 인지할 수 있는 능력
> * 문제해결에 적합한 정보를 찾고 선택할 수 있는 능력
> * 찾은 정보를 문제해결에 적용할 수 있는 능력
> * 윤리의식을 가지고 합법적으로 정보를 활용할 수 있는 능력

1. 정보능력이란 기본적인 컴퓨터를 활용하여 업무에 필요한 정보를 수집·분석·
   활용하는 능력이다. 정보능력의 함양은 매일 수십 개의 정보가 생성되고 소멸될
   정도로 변화가 빠른 현대 사회에서 필수적이다.

2. 업무 수행 중에 주위에 있는 모든 자료가 유용한 정보가 될 수 있는 것은 아니다.
   자료는 특정한 목적과 문제해결에 도움이 되도록 가공해야만 유용한 정보로서
   의 가치를 지닌다.

3. 컴퓨터와 통신기술의 발전을 기반으로 한 정보화 사회의 도래로 인하여 미래의
   모습은 상상을 초월할 정도로 변할 것이다. 따라서 이러한 변화에 대처할 수
   있는 능력을 함양해야 한다.

4. 업무 수행 중에 컴퓨터를 활용할 수 있는 경우는 수없이 많다. 업무의 목적과
   상황을 고려하여 컴퓨터를 적절하게 활용할 수 있는 능력을 함양하여야 할 것
   이다.

5. 업무 수행에 필요한 정보를 활용하기 위해서는 일정한 정보처리 절차에 따라
   정보를 기획·수집·관리·활용하는 것이 필요하다.

6. 업무 수행에 필요한 정보를 수집·관리·활용하기에 앞서 어떠한 정보를 어디
   에서, 언제까지, 왜, 누가, 어떻게, 얼마나 수집할 것인지에 대한 전략적 기획을
   수립하는 것은 매우 중요하다.

[02] 컴퓨터활용능력

1 인터넷 서비스의 종류

① 전자우편

- 인터넷을 이용하여 다른 이용자들과 정보를 주고받는 통신 방법을 말한다.
- 포털·회사·학교 등에서 제공하는 전자우편 시스템에 계정을 만들어 이용 가능하다.

② 웹하드

웹서버에 대용량의 저장 기능을 갖추고 사용자가 개인의 하드디스크와 같은 기능을 인터넷을 통해 이용할 수 있게 하는 서비스를 말한다.

③ 메신저

컴퓨터를 통해 실시간으로 메시지와 데이터를 주고받을 수 있는 서비스이며, 응답이 즉시 이루어져 가장 보편적으로 사용되는 서비스이다.

④ 클라우드

- 사용자들이 별도의 데이터 센터를 구축하지 않고도 인터넷 서버를 활용해 정보를 보관하고 있다가 필요할 때 꺼내 쓰는 기술을 말한다.
- 모바일 사회에서는 장소와 시간에 관계없이 다양한 단말기를 통해 사용 가능하다.

⑤ SNS

온라인 인맥 구축을 목적으로 개설된 커뮤니티형 웹사이트를 말하며, 트위터, 페이스북, 인스타그램과 같은 1인 미디어와 정보 공유 등을 포괄하는 개념이다.

⑥ 전자상거래

협의의 전자상거래	인터넷이라는 전자적인 매체를 통해 재화나 용역을 거래하는 것
광의의 전자상거래	소비자와의 거래뿐만 아니라 관련된 모든 기관과의 행위를 포함

2 인터넷 정보 검색

① 정보 검색 단계

검색 주제에 대한 사전 지식을 확보하면 정보 검색에 드는 시간을 절약할 수 있다.

첫째, 뉴스 정보인가?

둘째, 인터넷 정보원을 활용해야 하는가?

셋째, 논문자료에서 찾을 수 있는가?

넷째, 해당 주제와 관련 있는 학회나 관공서 사이트에서 찾을 수 있는가?

검색 주제 선정 ➡ 정보원 선택 ➡ 검색식 작성 ➡ 결과 출력

② 검색 엔진의 유형

종류	내용
키워드 검색 방식	• 정보에 대한 키워드를 직접 입력하여 정보를 찾는 방식 • 방법이 간단하나 키워드를 불명확하게 입력하면 검색이 어려움
주제별 검색 방식	• 주제별, 계층별로 문서들을 정리해 DB를 구축한 후 이용하는 방식 • 원하는 정보를 찾을 때까지 분류된 내용을 차례로 선택해 검색함
자연어 검색 방식	• 문장 형태의 질의어를 형태소 분석을 거쳐 각 질문에 답이 들어 있는 사이트를 연결해 주는 방식
통합형 검색 방식	• 검색 엔진 자신만의 DB를 구축하지 않음 • 검색어를 연계된 다른 검색 엔진에 보낸 후 검색 결과를 보여 줌

Point / **정보 검색 시 주의사항**

• 논문 등 특정 데이터들은 특화된 검색 엔진을 이용하는 것이 효율적이다.

• 키워드는 구체적으로 입력하는 것이 좋으며, 결과 내 재검색 기능을 활용한다.

• 검색 연산자는 검색 엔진에 따라 다소 차이가 있을 수 있다.

3 업무용 소프트웨어

① 워드프로세서

- ㉠ 문서를 작성·편집·저장·인쇄할 수 있는 프로그램을 말하며, 키보드 등으로 입력한 문서의 내용을 화면으로 확인하면서 쉽게 고칠 수 있어 편리하다.
- ㉡ 흔글과 MS-Word가 가장 대표적으로 활용되는 프로그램이다.
- ㉢ 워드프로세서의 주요 기능

종류	내용
입력	키보드나 마우스를 통해 문자·그림 등을 입력할 수 있는 기능
표시	입력한 내용을 표시 장치를 통해 나타내 주는 기능
저장	입력된 내용을 저장하여 필요할 때 사용할 수 있는 기능
편집	문서의 내용이나 형태 등을 변경해 새롭게 문서를 꾸미는 기능
인쇄	작성된 문서를 프린터로 출력하는 기능

② 스프레드시트

- ㉠ 수치나 공식을 입력하여 그 값을 계산해 내고, 결과를 차트로 표시할 수 있는 프로그램을 말하며, 다양한 함수를 이용해 복잡한 수식도 계산할 수 있다.
- ㉡ Excel이 가장 대표적으로 활용되는 프로그램이다.
- ㉢ 스프레드시트의 구성단위
  스프레드시트는 셀, 열, 행, 영역의 네 가지 요소로 구성된다. 그중에서 셀은 가로행과 세로열이 교차하면서 만들어지는 공간을 말하며, 이는 정보를 저장하는 기본단위이다.

③ 프레젠테이션

- ㉠ 컴퓨터 등을 이용하여 그 속에 담겨 있는 각종 정보를 전달하는 행위를 말하며, 이를 위해 사용되는 프로그램들을 프레젠테이션 프로그램이라고 한다.
- ㉡ 파워포인트가 가장 대표적으로 활용되는 프로그램이다.

파일 압축 유틸리티

파일의 크기를 압축하거나 줄여 주는 프로그램이다. 파일을 압축하면 하드 디스크의 저장 용량을 적게 차지하므로 디스크의 저장 공간을 넓혀 주고, 파일을 전송하거나 내려받을 때 걸리는 시간을 단축할 수 있다.

바이러스 백신 프로그램

컴퓨터 바이러스를 찾아내고 기능을 정지시키거나 제거하여 손상된 파일을 치료하는 기능을 가진 소프트웨어이다. 백신 프로그램은 일종의 치료제 역할을 하는 프로그램으로, 사전에 바이러스 프로그램의 감염을 막지는 못한다.

화면 캡처 프로그램

모니터 화면에 나타나는 영상을 사용자가 원하는 크기·모양 등을 선택하여 이미지 파일로 만들어 주는 프로그램이다.

이미지 뷰어 프로그램

그림 파일이나 디지털 카메라로 찍은 이미지 파일들을 볼 수 있도록 도와주는 프로그램이다. 여러 장의 이미지를 편리하게 볼 수 있도록 화면 크기에 맞게 확대·축소·연속 보기·두 장 보기 등의 기능이 있다.

동영상 재생 프로그램

각종 영화나 애니메이션을 감상하거나 음악을 즐길 수 있는 프로그램이다. 느린 속도와 빠른 속도로 선택 재생이 가능하고 재생 시점을 임의로 조정할 수 있다.

4 데이터베이스

① 데이터베이스의 의의

여러 개의 서로 연관된 파일을 말하며, 이 연관성으로 인해 사용자는 여러 개의 파일에 있는 정보를 한 번에 검색할 수 있다.

데이터베이스 관리시스템	데이터와 파일의 관계를 생성·유지·검색할 수 있게 하는 소프트웨어
파일 관리시스템	한 번에 한 개의 파일만 생성·유지·검색할 수 있는 소프트웨어

② 데이터베이스의 필요성

데이터 중복 감소	데이터를 한 곳에서만 갖고 있으므로 유지 비용이 절감됨
데이터 무결성 증가	데이터가 변경될 경우 한 곳에서 수정하는 것만으로 해당 데이터를 이용하는 모든 프로그램에 반영됨
검색의 용이	한 번에 여러 파일에서 데이터를 찾을 수 있음
데이터 안정성 증가	사용자에 따라 보안등급의 차등을 둘 수 있음

③ 데이터베이스의 기능

종류	내용
입력 기능	형식화된 폼을 사용해 내용을 편리하게 입력할 수 있음
검색 기능	필터나 쿼리 기능을 이용해 데이터를 빠르게 검색하고 추출할 수 있음
일괄 관리 기능	테이블을 사용해 데이터를 관리하기 쉽고, 많은 데이터를 종류별로 분류해 일괄적으로 관리할 수 있음
보고서 기능	데이터를 이용해 청구서나 명세서 등의 문서를 쉽게 만들 수 있음

05

1. 컴퓨터활용능력은 업무 수행에 필요한 정보를 수집·분석·조직·관리·활용할 때 컴퓨터를 활용하는 능력이다.

2. 정보사회의 도래에 가장 결정적인 역할을 한 것은 컴퓨터 기술의 발전이었으며, 컴퓨터를 통해 필요한 정보를 얻고 자신에게 잠재되어 있는 재능을 발휘하기 위해서는 컴퓨터활용능력의 함양이 필수적이다.

3. 대부분은 원활한 업무 수행을 위해 다양한 인터넷 서비스를 활용하고 있다. 이메일(E-mail), 웹하드(Web Hard), 메신저, 클라우드 등 다양한 인터넷 서비스의 특징을 파악하여 업무 수행 과정에서 적재적소에 활용할 수 있어야 한다.

4. 특정 업무를 수행하기 위해서는 그 일에 해당하는 소프트웨어를 선택하여 활용할 수 있어야 한다. 소프트웨어는 업무 처리의 특성에 따라 여러 종류가 있으며, 대표적인 소프트웨어로는 워드프로세서, 스프레드시트, 프레젠테이션, 유틸리티 프로그램 등이 있다.

5. 컴퓨터를 이용하여 업무의 효율을 높이기 위해서는 데이터의 효과적인 활용이 필요하며, 이를 위해서는 데이터베이스의 구축이 필수적이다.

6. 업무를 수행하는 데 데이터베이스 시스템을 활용하면 데이터 중복을 줄일 수 있고, 데이터의 무결성을 높이며, 데이터 검색을 쉽게 할 수 있고, 데이터의 안정성을 높일 수 있다.

[03] 정보처리능력

1 정보의 수집

① 1차 자료와 2차 자료

1차 자료	원래의 연구 성과가 기록된 자료
2차 자료	1차 자료를 효과적으로 찾아 보기 위한 자료 혹은 1차 자료에 포함되어 있는 정보를 압축·정리한 자료

② 인포메이션과 인텔리전스

인포메이션	하나하나의 개별적인 정보
인텔리전스	인포메이션 중에 몇 가지를 선별해 그것을 연결시켜 판단하기 쉽게 도와주는 하나의 정보 덩어리

③ 정보 수집을 잘하기 위한 방법

- ㉠ 신뢰관계 수립 : 중요한 정보는 신뢰관계가 좋은 사람에게만 전해지므로 중요한 정보를 수집하려면 먼저 신뢰관계를 이루어야 한다.
- ㉡ 선수필승(先手必勝) : 변화가 심한 시대에는 질이나 내용보다 빠른 정보 획득이 중요하다.
- ㉢ 구조화 : 얻은 정보를 의식적으로 구조화하여 머릿속에 가상의 서랍을 만들어 두어야 한다.
- ㉣ 도구의 활용 : 기억력에는 한계가 있으므로 박스·스크랩 등을 활용하여 정리해야 한다.

05

Point / **1차 자료와 2차 자료**

- 1차 자료 : 단행본, 학술지와 학술지 논문, 학술회의자료, 연구보고서, 학위논문, 특허정보, 표준 및 규격자료, 레터, 출판 전 배포자료, 신문, 잡지 등
- 2차 자료 : 사전, 백과사전, 편람, 연감, 서지데이터베이스 등

2 정보 분석

① 정보 분석의 정의

여러 정보를 상호 관련지어 새로운 정보를 생성해 내는 활동을 말하며, 디지털 파일로 저장해 두면 용어를 입력하는 것만으로 결과물을 쉽게 찾을 수 있다.

② 정보 분석의 절차

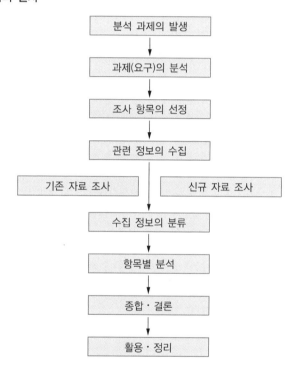

③ 정보의 서열화와 구조화

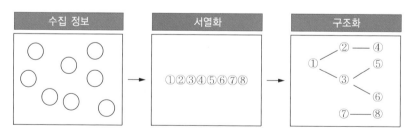

3 효율적인 정보 관리방법

① 목록을 이용한 정보 관리

정보에서 중요 항목을 찾아 기술한 후 정리해 목록을 만드는 것이며, 디지털 파일로 정리해 두면 용어를 입력하는 것만으로 결과물을 쉽게 찾을 수 있다.

② 색인을 이용한 정보 관리

ㄱ 목록과 색인의 차이

목록	하나의 정보원에 하나의 목록이 대응됨
색인	하나의 정보원에 여러 색인을 부여할 수 있음

ㄴ 색인의 구성요소

③ 분류를 이용한 정보 관리

ㄱ 유사한 정보를 하나로 모아 분류하여 정리하는 것은 신속한 정보 검색을 가능하게 한다.

ㄴ 분류 기준 예시

기준	내용	예시
시간적 기준	정보의 발생 시간별로 분류	2024년 봄, 7월 등
주제적 기준	정보의 내용에 따라 분류	역사, 스포츠 등
기능적 / 용도별 기준	정보의 용도나 기능에 따라 분류	참고자료용, 강의용, 보고서 작성용 등
유형적 기준	정보의 유형에 따라 분류	도서, 비디오, CD, 한글파일, 파워포인트 파일 등

Point / **정보 관리방법**

- 디지털 파일에 색인을 저장하면 추가·삭제·변경이 쉽다.
- 목록은 한 정보원에 하나만 대응하지만, 색인은 여러 개를 부여할 수 있다.
- 정보 목록은 정보에서 중요 항목을 찾아 기술한 후 정리하면서 만들어진다.

수집된 정보를 목적에 맞게 관리하고, 활용하게 된다. 이때 수집·관리된 정보를 활용하는 다양한 형태가 존재한다.

정보활용 형태

• 수집한 정보를 그대로 활용한다.

• 수집한 정보를 그대로 활용하되, 일정한 형태로 표현하여 활용한다.

• 수집한 정보를 정리·분석·가공하여 활용한다.

• 수집한 정보를 정리·가공하여 활용하되, 일정한 형태로 표현하여 활용한다.

• 생산된 정보를 일정한 형태로 재표현하여 활용한다.

• 일정한 형태로 표현한 정보, 한 번 이용한 정보를 보존·정리하여 장래에 활용한다.

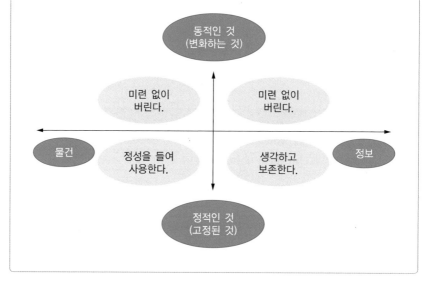

4 인터넷의 역기능과 네티켓

① 인터넷의 역기능

> - 불건전 정보의 유통
> - 개인 정보 유출
> - 사이버 성폭력
> - 사이버 언어폭력
> - 언어 훼손
> - 인터넷 중독
> - 불건전한 교제
> - 저작권 침해

② 네티켓

네트워크(Network)	+	에티켓(Etiquette)	=	네티켓(Netiquette)

상황	내용
전자우편 사용 시	• 메시지는 가능한 짧게 요점만 작성한다. • 메일을 보내기 전에 주소가 올바른지 확인한다. • 제목은 메시지 내용을 함축해 간략하게 쓴다. • 가능한 메시지 끝에 Signature(성명, 직위 등)를 포함시킨다.
온라인 대화 시	• 도중에 들어가면 지금까지 진행된 대화의 내용과 분위기를 익힌다. • 광고 · 홍보 등을 목적으로 악용하지 않는다.
게시판 사용 시	• 글의 내용은 간결하게 요점만 작성한다. • 제목에는 내용을 파악할 수 있는 함축된 단어를 사용한다. • 글을 쓰기 전에 이미 같은 내용의 글이 있는지 확인한다.
공개자료실 이용 시	• 자료는 가급적 압축된 형식으로 등록한다. • 프로그램을 등록할 경우에는 바이러스 감염 여부를 점검한다. • 음란물, 상업용 S/W를 올리지 않는다.
인터넷 게임 시	• 온라인 게임은 온라인상의 오락으로 끝나야 한다. • 게임 중에 일방적으로 퇴장하지 않는다.

Point 　컴퓨터 바이러스 예방 방법

- 출처가 불분명한 첨부파일은 바이러스 검사 후 사용
- 백신 프로그램의 실시간 감시 기능 활용, 정기적인 업데이트
- 정품 소프트웨어 사용
- 중요한 파일은 별도의 보조 매체에 백업
- 프로그램 복사 시 바이러스 감염 여부 확인

5 개인정보 보호

① 개인정보의 의미

생존하는 개인에 대한 정보로, 정보에 포함된 성명 등에 의해 개인을 식별할 수 있는 정보를 의미한다. 단일 정보뿐만 아니라 다른 정보와 결합해 식별할 수 있는 것도 해당한다.

② 개인정보의 유출 방지

- 회원가입 시 이용 약관 확인
- 이용 목적에 적절한 정보를 요구하는지 확인
- 정기적인 비밀번호 교체
- 정체가 불분명한 사이트 접속 자제
- 가입 해지 시 정보 파기 여부 확인
- 생년월일, 전화번호 등 유추 가능한 비밀번호 사용 자제

③ 개인정보의 종류

분류	내용
일반 정보	이름, 주민등록번호, 성별, 주소, 전화번호, 생년월일 등
가족 정보	가족의 이름, 직업, 생년월일, 주민등록번호, 출생지 등
교육 및 훈련 정보	최종학력, 성적, 기술자격증 / 전문면허증, 이수훈련 프로그램 등
병역 정보	군번 및 계급, 제대유형, 주특기, 근무부대 등
부동산 및 동산 정보	소유주택 및 토지, 자동차, 저축현황, 현금카드, 주식 및 채권 등
소득 정보	연봉, 소득의 원천, 소득세 지불 현황 등
기타 수익 정보	보험가입현황, 수익자, 회사의 판공비 등
신용 정보	대부상황, 저당, 신용카드, 담보설정 여부 등
고용 정보	고용주, 회사주소, 직무수행평가 기록, 훈련기록, 상벌기록 등
법적 정보	전과기록, 구속기록, 이혼기록 등
의료 정보	가족병력기록, 과거 의료기록, 신체장애, 혈액형 등
조직 정보	노조가입, 정당가입, 종교단체 활동 등

1. 정보처리능력은 필요한 정보를 수집하고 분석하여 의미 있는 정보를 찾아내며, 찾아낸 정보를 업무 수행에 적절하도록 조직·관리하고 활용하는 능력이다. 문제해결에 적합한 정보를 찾고 선택할 수 있는 능력과 찾은 정보를 문제해결에 적용할 수 있는 능력의 함양은 필수적이다.

2. 업무를 수행할 때 목적에 적합한 정보를 수집하는 것은 무엇보다도 중요한 일이다. 효과적으로 필요한 정보를 수집하기 위해서는 우선 정보 수집 목적을 명확하게 설정하여야 한다. 그 후 적합한 정보원(Sources)을 탐색하여 효과적인 방법에 따라 정보를 수집해야 할 것이다.

3. 업무를 수행하기 위해서는 수많은 정보가 필요하며, 이러한 정보는 한 번 활용하고 나면 필요 없는 것이 아니라 대부분의 경우 같은 정보를 다시 이용하게 된다. 따라서 정보의 체계적인 분석 및 가공 절차가 필요하며, 효율적인 정보 관리방법을 숙지하여 정보를 체계적으로 관리하는 것이 중요하다.

4. 정보를 효과적으로 활용함으로써 합리적인 의사결정을 할 수 있고, 새로운 기회를 탐색할 수 있으며, 위험을 사전에 예방할 수도 있다. 따라서 유용한 정보와 그렇지 않은 정보를 구분하여 합리적으로 적시에 활용하는 것은 성공에 큰 열쇠가 될 수 있다.

5. 업무 수행 혹은 일상생활에서 인터넷을 활용할 때에는 항상 네티켓을 지키도록 노력해야 한다. 네티켓은 네트워크와 에티켓의 합성어로, 사이버 공간에서 지켜야 할 비공식적인 규약이다.

6. 컴퓨터를 활용하다 보면 중요한 개인정보가 유출될 수 있다. 이러한 정보가 유출될 경우 막대한 손해를 입을 수도 있기 때문에 개인정보 유출 방지를 위한 노력을 기울여야 한다.

OX 문제

01 정보란 정보 작성을 위하여 필요한 데이터를 말하는 것으로, 아직 특정의 목적에 대하여 평가되지 않은 상태의 숫자나 문자들의 단순한 나열을 뜻한다.

02 지식이란 자료를 가공하여 이용 가능한 정보로 만드는 과정이다.

03 POS 시스템이란 물품을 판매한 바로 그 시점에 판매 정보가 중앙 컴퓨터로 전달되어 각종 사무 처리는 물론 경영 분석까지도 이루어지는 시스템을 말한다.

04 정보 관리의 3원칙이란 목적성, 용이성, 유용성을 말한다.

05 정보 검색은 '검색 주제 선정 → 정보원 선택 → 검색식 작성 → 결과 출력'의 과정을 거친다.

06 키워드 검색 방식을 이용하면 주제에 따라 분류되어 있는 내용을 선택하여 원하는 정보를 정확하게 검색할 수 있다.

07 검색 결과에 자료가 너무 많으면 결과 내 재검색 기능을 사용한다.

08 워드프로세서는 한 줄 블록 설정은 가능하나, 문서 전체를 블록 설정할 수는 없다.

09 파일 시스템은 데이터베이스 시스템에 비해서 여러 개의 파일이 서로 연관되어 있으므로 사용자는 여러 개의 파일에 있는 정보를 한 번에 검색해서 볼 수 있는 이점이 있다.

10 데이터베이스는 데이터가 중복되지 않고 한 곳에만 기록되어 있으므로 데이터의 무결성, 즉 결함 없는 데이터를 유지하는 것이 훨씬 쉬워졌다.

01 × 02 × 03 ○ 04 ○ 05 ○ 06 × 07 ○ 08 × 09 × 10 ○

01 자료에 대한 설명이다. 정보란 자료를 일정한 프로그램에 따라 컴퓨터가 처리·가공함으로써 특정한 목적을 달성하는 데 필요하거나 특정한 의미를 가진 것으로 다시 생산된 것을 뜻한다.

02 정보처리에 대한 설명이다. 지식이란 어떤 특정의 목적을 달성하기 위해 과학적 또는 이론적으로 추상화되거나 정립되어 있는 일반화된 정보를 뜻한다.

06 주제별 검색 방식에 대한 설명이다. 키워드 검색 방식은 키워드만을 입력하여 정보 검색을 간단히 할 수 있다는 장점을 가진다.

08 워드프로세서는 한 줄 블록 설정과 문서 전체 블록을 설정할 수 있다.

05

09 데이터베이스 시스템은 파일시스템에 비해서 여러 개의 파일이 서로 연관되어 있으므로 사용자는 여러 개의 파일에 있는 정보를 한 번에 검색해서 볼 수 있는 이점이 있다.

11 정보원은 정보를 수집하는 사람의 입장에서 볼 때 공개된 것만 포함된다.

12 클라우드란 사용자들이 복잡한 정보를 보관하기 위해 별도의 데이터 센터를 구축하지 않고도, 인터넷을 통해 제공되는 서버를 활용해 정보를 보관하고 있다가 필요할 때 꺼내 쓰는 기술을 말한다.

13 정보 분석이란 여러 정보를 상호 관련지어 새로운 정보를 생성해 내는 활동 이다. 정보를 분석하면 한 개의 정보만으로는 불분명한 사항을 다른 정보를 통해 명백히 할 수 있으며, 서로 상반되거나 큰 차이가 있는 정보의 내용을 판단해서 새로운 해석을 할 수도 있다.

14 정적정보는 유효기간이 비교적 짧고, 보존이 불가능한 정보를 말한다.

15 정보 분석을 위해서는 1차 정보가 포함하는 주요 개념을 대표하는 용어(Key Word)를 추출하며, 이를 간결하게 서열화 및 구조화하여야 한다.

16 정보 관리의 3원칙 중 용이성이란 해당 정보를 즉시 사용할 수 있어야 한다 는 것을 의미한다.

17 검색엔진 자신만의 DB를 구축하지 않으며, 검색어를 연계된 다른 검색 엔진 에 보낸 후 검색 결과를 보여 주는 것을 통합형 검색 방식이라고 한다.

18 하나하나의 개별적인 정보를 인포메이션이라고 하며, 인포메이션 중에 몇 가지를 선별해 그것을 연결시켜 판단하기 쉽게 도와주는 하나의 정보 덩어 리를 인텔리전스라고 한다.

19 색인은 한 정보원에 하나의 색인이 대응되는 반면, 목록은 한 정보원에 여러 목록을 부여할 수 있다는 점에서 차이가 있다.

20 현행 법령상 개인정보란 생존하는 개인에 대한 정보를 뜻한다.

11 ✕ 12 ○ 13 ○ 14 ✕ 15 ○ 16 ✕ 17 ○ 18 ○ 19 ✕ 20 ○

11 정보원은 정보를 수집하는 사람의 입장에서 볼 때 공개된 것은 물론이고 비공개된 것도 포함된다.

14 정적정보는 유효기간이 비교적 길고, 보존이 가능한 정보를 말하며, 잡지, 책 등이 이에 해당한다.

16 유용성에 대한 설명이다. 용이성이란 쉽게 작업할 수 있어야 한다는 것을 의미한다.

19 목록은 한 정보원에 하나의 목록이 대응되는 반면, 색인은 한 정보원에 여러 색인을 부여할 수 있다는 점에서 차이가 있다.

05

MEMO

PART 06
기술능력

PART 06 기술능력

[01] 기술능력의 의의

1 기술의 의의

① 기술의 의미

지적인 도구를 특정한 목적에 사용하는 지식 체계를 말하며, 제품이나 용역을 생산하는 원료·생산 공정 등에 대한 지식의 집합체를 의미한다.

② 노하우(Know-how)와 노와이(Know-why)

원래 노하우의 개념이 강하였으나, 시대가 지남에 따라 노하우와 노와이가 결합하는 모습을 보이고 있다.

노하우	• 특허권을 수반하지 않는 엔지니어 등이 가지고 있는 체화된 기술 • 경험적·반복적인 행위를 통해 얻게 됨
노와이	• 어떻게 기술이 성립하고 작용하는가에 대한 원리적 측면 • 이론적인 지식으로, 과학적인 탐구를 통해 얻게 됨

③ 광의의 기술과 협의의 기술

광의의 기술	직업 세계에서 필요로 하는 기술적 요소
협의의 기술	구체적 직무 수행능력

Point / **기술의 특징**

- 하드웨어나 인간에 의해 만들어진 비자연적인 대상 혹은 그 이상이다.
- 기술을 설계, 생산, 사용하기 위해서는 노하우가 필요하므로 기술은 노하우를 포함한다.
- 소프트웨어를 생산하는 과정이 아니라 하드웨어를 생산하는 과정이다.
- 인간의 능력을 확장시키기 위한 하드웨어와 그것의 활용이다.
- 정의 가능한 문제를 해결하기 위해 순서화되고 이해 가능한 노력이다.

2 기술능력의 의의

① 기술교양과 기술능력

기술교양	기술의 특성 등에 대해 일정 수준의 지식을 갖추는 것
기술능력	일상적으로 요구되는 수단·도구·조작 등에 대한 기술적인 요소들을 이해하고, 적절한 기술을 선택·적용하는 능력. 기술교양의 개념을 구체화시킨 개념

② 기술능력이 뛰어난 사람의 특징

- 기술적 해결이 아닌 실질적 해결을 필요로 하는 문제를 인식한다.
- 인식된 문제를 위한 다양한 해결책을 개발·평가한다.
- 실제적 문제를 해결하기 위해 지식 등을 선택해 최적화시켜 적용한다.
- 주어진 한계 속에서 제한된 자원을 가지고 일한다.
- 기술적 해결에 대한 효용성을 평가한다.

③ 기술능력을 향상시키는 방법

전문 연수원	• 연수 분야의 노하우를 통한 체계적인 교육이 가능함 • 최신 실습장비, 전산 시설 등을 활용할 수 있음 • 자체교육에 비해 교육비가 저렴하며, 고용보험 환급도 가능함
E-Learning	• 원하는 시간과 장소에서 학습이 가능함 • 새로운 내용을 커리큘럼에 반영하기가 수월함 • 의사소통과 상호작용이 자유롭게 이루어질 수 있음
상급학교 진학	• 실무 중심의 교육이 가능하며, 인적 네트워크 형성이 가능함 • 경쟁을 통해 학습 효과를 향상시킬 수 있음
OJT	• 시간 낭비가 적고 조직의 필요에 적절한 교육이 가능함 • 교육자와 피교육자 사이에 친밀감이 조성됨

06

Point / **E-Learning**

- 개인의 상황에 따른 학습 과정의 개별화·맞춤화가 가능하다.
- 판서나 책이 아닌 멀티미디어를 이용한 학습이 가능하다.
- 이메일·토론방 등을 통해 자유로운 의사소통이 가능하다.

3 산업재해

① 산업재해의 의미

산업 활동 중의 사고로 인해 사망·부상을 당하거나 유해 물질에 의한 중독 등으로 직업성 질환·신체적 장애를 가져오는 것이다.

② 산업재해의 원인

교육적 원인	안전지식의 불충분, 안전수칙의 오해, 훈련의 불충분 등
기술적 원인	기계 장치의 설계불량, 구조물의 불안정, 생산 공정의 부적당 등
작업 관리상 원인	안전관리 조직의 결함, 작업 준비 불충분, 인원 배치의 부적당 등

③ 산업재해 예방 대책 5단계

안전관리 조직	• 경영자 : 사업장의 안전 목표 설정, 안전관리 책임자 선정 • 안전관리 책임자 : 안전계획 수립·시행·감독
사실의 발견	• 사고 조사, 현장 분석, 관찰 및 보고서 연구, 면담 등
원인 분석	• 발생 장소, 재해 형태, 재해 정도, 공구 및 장비의 상태 등
시정책의 선정	• 기술적 개선, 인사 조정 및 교체, 공학적 조치 등
시정책의 적용	• 안전에 대한 교육 및 훈련 실시, 결함 개선 등

④ 불안전한 행동과 상태의 제거

불안전한 행동 제거	안전수칙 제정, 상호 간 불안전한 행동 지적, 쾌적한 작업 환경 등
불안전한 상태 제거	안전성이 보장된 설비 제작, 사고 요인의 사전 제거

Point 산업안전보건법

- 노무를 제공하는 사람이 업무에 관계되는 설비 등에 의하거나 작업 또는 그 밖의 업무로 인하여 사망·부상하거나 질병에 걸리는 것을 산업재해로 정의한다.
- 산업 현장에서 근로자가 시설물에 의해 넘어져 부상당한 경우도 산업재해에 해당한다.
- 근로자가 휴가 중 교통사고에 의해 부상당한 경우는 산업재해에 해당하지 않는다.

1. 기술은 '물리적인 것뿐만 아니라 사회적인 것으로서 지적인 도구를 특정한 목적에 사용하는 지식 체계', '인간이 주위환경에 대한 통제를 확대시키는 데 필요한 지식의 적용' 등으로 정의할 수 있다.

2. 기술능력은 직업에 종사하는 모든 사람에게 필요한 능력이다. 이는 넓은 의미로 확대하면 기술교양(Technical Literacy)이라는 개념으로 사용될 수 있으며, 기술교양의 개념을 보다 구체화시킨 개념으로 볼 수 있다.

3. 기술능력이 뛰어난 사람은 실질적 해결이 필요한 문제를 인식하고, 인식된 문제를 위한 다양한 해결책을 개발·평가하고, 실제적 문제를 해결하기 위해 지식이나 기타 자원을 선택·최적화시키며, 제한된 자원을 가지고 일을 진행하고, 기술적 해결에 대한 효용성을 평가할 수 있다.

4. 기술능력 향상 방법에는 전문연수원에서 제공하는 기술과정 연수, E-Learning을 활용한 기술교육, 상급학교 진학을 통한 기술교육, OJT 등이 있다.

5. 지속가능한 기술은 이용 가능한 자원과 에너지를 고려하고, 자원이 사용되고 그것이 재생산되는 비율의 조화를 추구하며, 이러한 자원의 질을 생각하고, 자원이 생산적인 방식으로 사용되는가에 주의를 기울이는 기술을 의미한다.

6. 산업재해란 산업 활동 중의 사고로 인해 사망하거나 부상을 당하고, 유해 물질에 의한 중독 등으로 직업성 질환에 걸리거나 신체적 장애를 갖게 되는 것을 의미한다.

06

[02] 기술이해능력

1 기술 시스템

① 기술 시스템의 의의

개별 기술들이 네트워크로 결합하여 새로운 기술이 만들어지는 것을 말한다.

② 기술 시스템 발전 4단계

| 1단계 | • 기술 발명 · 개발 · 혁신의 단계
• 기술 시스템이 탄생하고 성장
• 기술자의 역할이 중요 |

⬇

| 2단계 | • 기술 이전의 단계
• 성공적인 기술이 다른 지역으로 이동
• 기술자의 역할이 중요 |

⬇

| 3단계 | • 기술 성장의 단계
• 기술 시스템 사이의 경쟁이 이루어짐
• 기업가의 역할이 중요 |

⬇

| 4단계 | • 기술 공고화 단계
• 경쟁에서 승리한 기술 시스템이 관성화
• 자문 엔지니어의 역할이 중요 |

2 기술혁신

① 기술혁신의 특성

- 과정 자체가 매우 불확실하고 장기간의 시간을 필요로 한다.
- 지식 집약적인 활동이며, 조직의 경계를 넘나드는 특성이 있다.
- 혁신과정의 불확실성·모호함은 기업 내에서 많은 논쟁과 갈등을 유발할 수 있다.
- 기술혁신은 조직의 경계를 넘나드는 특성을 갖고 있다.

② 기술혁신의 과정과 역할

과정	혁신 활동	필요한 자질
아이디어 창안	• 아이디어를 창출하고 가능성을 검증 • 일을 수행하는 새로운 방법 고안	• 각 분야의 전문지식 • 추상화와 개념화 능력
챔피언	• 아이디어의 전파 • 혁신을 위한 자원 확보	• 정력적이고 위험을 감수 • 아이디어의 응용
프로젝트 관리	• 리더십 발휘 • 프로젝트의 기획 및 조직	• 의사결정능력 • 업무 수행 방법에 대한 지식
정보 수문장	• 조직 외부의 정보를 내부에 전달 • 조직 내 정보원 기능	• 높은 수준의 기술적 역량 • 원만한 대인관계능력
후원	• 혁신에 대한 격려와 안내 • 불필요한 제약에서 프로젝트 보호	• 조직의 주요 의사결정에 대한 영향력

06

Point / **기술혁신의 지식 집약성**

- 새로운 지식과 경험은 인간의 개별적인 지능과 창의성, 상호 학습을 통해 축적되고 학습된다.
- 기술 개발에 참가한 엔지니어의 지식은 문서화되기 어렵기 때문에 다른 사람들에게 쉽게 전파될 수 없다.

[03] 기술선택능력

1 기술선택

① 기술선택의 의의

기술을 외부로부터 도입할 것인지 자체 개발할 것인지를 결정하는 것이다.

② 기술선택 방법

상향식 기술선택	• 연구자나 엔지니어들이 자율적으로 기술을 선택함 • 고객의 니즈와 동떨어진 기술이 선택될 수 있음
하향식 기술선택	• 경영진이나 기획담당자들에 의한 체계적인 분석이 이루어짐 • 내부역량·외부환경 분석, 전략수립을 통해 우선순위를 결정함

③ 기술선택 절차

Point 기술선택 절차의 세부 내용

- 외부환경 분석 : 수요 변화 및 경쟁자 변화, 기술 변화 등 분석
- 중장기 사업목표 설정 : 기업의 장기비전, 중장기 매출목표 및 이익목표 설정
- 내부역량 분석 : 기술능력, 생산능력, 마케팅·영업능력, 재무능력 등 분석
- 사업전략 수립 : 사업 영역 결정, 경쟁우위 확보 방안 수립
- 요구기술 분석 : 제품 설계·디자인 기술, 제품 생산공정, 원재료·부품 제조 기술 분석
- 기술전략 수립 : 기술 획득 방법 결정

2 벤치마킹

① 벤치마킹의 의의

특정 분야에서 뛰어난 기술 등을 배워 합법적으로 응용하는 것으로, 단순한 모방이 아니라 자사의 환경에 맞추어 재창조하는 것을 말한다.

② 벤치마킹의 종류

비교대상에 따른 분류	내부 벤치마킹	• 대상 : 같은 기업 내의 유사한 활용 • 자료 수집이 용이하고 다각화된 우량기업의 경우 효과가 크나, 관점이 제한적일 수 있다.
	경쟁적 벤치마킹	• 대상 : 동일 업종에서 고객을 공유하는 경쟁기업 • 기술에 대한 비교가 가능하지만, 대상의 적대적인 태도로 인해 자료 수집이 어렵다.
	비경쟁적 벤치마킹	• 대상 : 우수한 성과를 거둔 비경쟁 기업 • 혁신적인 아이디어의 창출 가능성이 높으나, 환경이 상이하다는 것을 감안하지 않으면 효과가 없다.
	글로벌 벤치마킹	• 대상 : 최고로 우수한 동일 업종의 비경쟁적 기업 • 자료 수집이 용이하나, 문화·제도적인 차이를 감안하지 않으면 효과가 없다.
수행방식에 따른 분류	직접적 벤치마킹	• 직접 접촉하여 자료를 입수하고 조사하기 때문에 정확도가 높으며 지속가능하다. • 대상의 선정이 어렵고 수행비용 및 시간이 과다하게 소요된다.
	간접적 벤치마킹	• 인터넷 및 문서 형태의 자료를 통해서 수행한다. • 비용과 시간이 절약되나, 벤치마킹 결과가 피상적이며 핵심 자료의 수집이 어렵다.

06

Point / **간접적 벤치마킹**

- 벤치마킹 대상의 수에 제한이 없고 다양하다.
- 벤치마킹 대상을 직접적으로 방문하지 않고 수행한다.
- 비용 또는 시간이 상대적으로 많이 절감된다.
- 벤치마킹 결과가 피상적이며, 정확한 자료의 확보가 어렵다.

3 매뉴얼

① 매뉴얼의 의의

기술선택과 적용·활용에 있어 가장 종합적이고 기본적인 안내서를 말한다.

② 매뉴얼의 종류

제품 매뉴얼	• 제품의 특징이나 기능 설명, 사용 방법, 유지보수, A/S, 폐기까지의 제품에 대한 정보를 소비자에게 제공하는 것 • 사용능력 및 사용자의 오작동까지 고려해 만들어야 함
업무 매뉴얼	• 어떤 일의 진행 방식, 규칙, 관리상의 절차 등을 일관성 있게 표준화해 설명하는 지침서 • 프랜차이즈 점포의 경우 '제품 진열 매뉴얼', 기업의 경우 '부서 운영 매뉴얼', '품질 경영 매뉴얼' 등이 대표적임

③ 매뉴얼 작성 방법

- 내용이 정확해야 한다.
- 사용자가 이해하기 쉬운 문장으로 작성해야 한다.
- 사용자를 위한 심리적 배려가 있어야 한다.
- 사용자가 찾고자 하는 정보를 쉽게 찾을 수 있어야 한다.
- 사용하기 쉬워야 한다.

Point / **매뉴얼 활용의 예**

- 자사에서 생산되는 제품에 대한 특징이나 기능 설명, 사용 방법과 고장 조치 방법, 유지보수 및 A/S, 폐기까지 제품에 대한 모든 서비스에 대해 기본적으로 알아야 할 모든 정보를 신입사원에게 교육하기 위해 매뉴얼을 활용한다.
- 신입사원이 작업장에서 적용하고자 하는 기술에 대한 활용 방법 또는 조작 방법에 대해 설명하기 위해 매뉴얼을 활용한다.

4 지식재산권

① 지식재산권의 의의

인간의 창조적 활동 또는 경험 등을 통해 창출되거나 발견한 지식, 정보, 기술이나 표현, 표시, 그 밖에 무형적인 것으로, 재산적 가치가 실현될 수 있는 지적 창작물에 부여된 권리를 말한다.

② 지식재산권의 체계

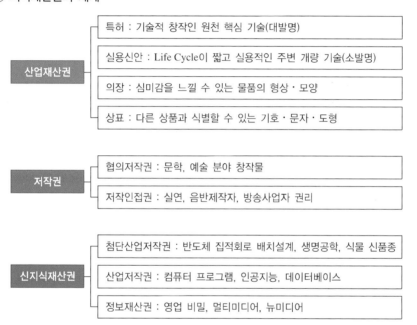

산업재산권
- 특허 : 기술적 창작인 원천 핵심 기술(대발명)
- 실용신안 : Life Cycle이 짧고 실용적인 주변 개량 기술(소발명)
- 의장 : 심미감을 느낄 수 있는 물품의 형상 · 모양
- 상표 : 다른 상품과 식별할 수 있는 기호 · 문자 · 도형

저작권
- 협의저작권 : 문학, 예술 분야 창작물
- 저작인접권 : 실연, 음반제작자, 방송사업자 권리

신지식재산권
- 첨단산업저작권 : 반도체 집적회로 배치설계, 생명공학, 식물 신품종
- 산업저작권 : 컴퓨터 프로그램, 인공지능, 데이터베이스
- 정보재산권 : 영업 비밀, 멀티미디어, 뉴미디어

06

Point ▷ **산업재산권의 권리 보호 기간**

- 특허 : 출원일로부터 20년간
- 실용신안 : 출원일로부터 10년간
- 의장 : 출원일로부터 20년간
- 상표 : 설정등록일로부터 10년간(갱신가능, 반영구적)

1. 기술선택이란 기업이 어떤 기술을 외부로부터 도입하거나 자체 개발하여 활용할 것인가를 결정하는 것이다. 기술선택 의사결정은 상향식 기술선택(Bottom Up Approach), 하향식 기술선택(Top Down Approach) 두 가지가 있다.

2. 기술선택을 위한 절차는 외부환경 분석, 중장기 사업목표 설정, 내부역량 분석, 사업전략 수립, 요구기술 분석, 기술전략 수립, 핵심기술 선택으로 구분할 수 있다.

3. 벤치마킹은 특정 분야에서 뛰어난 업체나 상품·기술·경영 방식 등을 배워 합법적으로 응용하는 것을 말한다. 모방과는 달리 우수한 기업이나 성공한 상품·기술·경영 방식 등의 장점을 자사의 환경에 맞추어 재창조하는 것이다.

4. 벤치마킹의 종류는 비교대상에 따라 내부·경쟁적·비경쟁적·글로벌 벤치마킹으로 구분할 수 있으며, 수행방식에 따라서는 간접적·직접적 벤치마킹으로 구분할 수 있다. 벤치마킹의 단계는 범위 결정, 측정범위 결정, 대상 결정, 벤치마킹, 성과차이 분석, 개선계획 수립, 변화 관리 등으로 구분할 수 있다.

5. 매뉴얼의 사전적 의미는 어떤 기계의 조작 방법을 설명해 놓은 사용 지침서, 즉 '사용서', '설명서', '편람', '안내서'를 의미한다. 또한 군대에서는 '교범(敎範)'을 뜻한다.

6. 매뉴얼은 제품 매뉴얼과 업무 매뉴얼로 구분할 수 있으며, 매뉴얼 작성을 위한 팁(Tip)으로는 내용이 정확해야 하고, 사용자가 알기 쉬운 문장으로 쓰여야 하며, 사용자에 대한 심리적 배려가 있어야 하고, 사용자가 찾고자 하는 정보를 쉽게 찾을 수 있어야 하며, 사용하기 쉬워야 한다는 점이 있다.

[04] 기술적용능력

1 기술적용능력

① 기술적용능력의 의의

직장생활에 필요한 기술을 실제로 적용하고 결과를 확인하는 능력을 말한다.

② 기술적용의 형태

기술을 그대로 적용	• 시간과 비용의 절감 • 기술이 적합하지 않을 경우 실패할 가능성이 높음
기술을 그대로 적용하되, 불필요한 기술은 버리고 적용	• 시간과 비용의 절감, 프로세스의 효율성 • 버린 기술이 과연 불필요한가에 대한 문제 제기
기술을 분석하고 가공	• 시간과 비용의 소요 • 업무 환경에 맞는 프로세스를 구축할 수 있음

③ 기술적용 시 고려사항

- 기술적용에 따른 비용이 많이 드는가?
- 기술의 수명 주기는 어떻게 되는가?
- 기술의 전략적 중요도는 어떻게 되는가?
- 잠재적으로 응용가능성이 있는가?

06

2 기술경영

① 기술경영자의 일반적 요건

- 기술 개발이 결과 지향적으로 수행되도록 유도하는 능력
- 기술 개발 과제의 세부 사항까지 파악하는 치밀함
- 기술 개발 과제의 전 과정을 전체적으로 조망하는 능력

② 기술경영자에게 요구되는 행정능력

- 기술을 기업의 전반적인 전략 목표에 통합시키는 능력
- 새로운 기술을 습득하고 기존의 기술에서 탈피하는 능력
- 기술을 효과적으로 평가할 수 있는 능력
- 기술 이전을 효과적으로 할 수 있는 능력
- 새로운 제품 개발 시간을 단축할 수 있는 능력
- 서로 다른 분야에 걸쳐 있는 프로젝트를 수행할 수 있는 능력
- 기술 전문 인력을 운용할 수 있는 능력

Point 기술경영자의 역할

- 기술의 성격 및 이에 대한 동향, 사업 환경 등을 이해하고 통합적인 문제해결과 함께 기술혁신을 달성한다.
- 기술적인 전문성을 갖추었을 때 팀원들 간의 대화를 효과적으로 이끌어 낼 수 있다.

기술적인 능력

- 기술을 운용하거나 문제를 해결할 수 있는 능력
- 기술직과 의사소통을 할 수 있는 능력
- 혁신적인 환경을 조성할 수 있는 능력
- 기술적·사업적·인간적인 능력을 통합할 수 있는 능력
- 시스템적인 관점에서 인식히는 능력
- 공학적 도구나 지원방식을 이해할 수 있는 능력
- 기술이나 추세를 이해할 수 있는 능력
- 기술팀을 통합할 수 있는 능력

행정적인 능력

- 다기능적인 프로그램을 계획하고 조직할 수 있는 능력
- 우수한 인력을 유인하고 확보할 수 있는 능력
- 자원을 측정하거나 협상할 수 있는 능력
- 타 조직과 협력할 수 있는 능력
- 업무의 상태, 진행 및 실적을 측정할 수 있는 능력
- 다양한 분야에 걸쳐 있는 업무를 계획할 수 있는 능력
- 정책이나 운영 절차를 이해할 수 있는 능력
- 권한 위임을 효과적으로 할 수 있는 능력
- 의사소통을 효과적으로 할 수 있는 능력

06

3 네트워크 혁명과 융합기술

① 네트워크 혁명의 의의

사람과 사람을 연결하는 방법, 정보를 교환하는 방법 등 대상 간의 연결방법에 혁명 적인 변화가 생기고 있는 현상을 말하며, 인터넷이 상용화된 1990년대 이후에 촉 발되었다.

② 네트워크 혁명의 특징

- 정보통신 네트워크의 전 지구성에 따라 네트워크 혁명도 전 지구적이다.
- 상호 영향이 보편화되면서 사회의 위험과 개인의 불안이 증가한다.
- '이타적 개인주의'라는 공동체 철학이 부각된다.

③ 네트워크 혁명의 세 가지 법칙

무어의 법칙	컴퓨터의 파워가 18개월마다 2배씩 증가
메트칼프의 법칙	네트워크의 가치는 사용자 수의 제곱에 비례
카오의 법칙	창조성은 네트워크가 가진 다양성에 비례

④ 네트워크 혁명의 역기능

- 사례 : 디지털 격차(Digital Divide), 정보화에 따른 실업, 게임 중독, 반사회 적 사이트 활성화, 정보기술을 이용한 감시
- 문제점 : 네트워크의 역기능과 순기능은 잘 분리되지 않아 해결책을 찾기 어려움
- 해결방안 : 법적 – 제도적 기반 구축, 사회 전반에 걸친 정보화 윤리의식 강화, 시스템 보안 – 관리 제품의 개발

⑤ 융합기술의 의의

나노기술(NT), 생명공학기술(BT), 정보기술(IT), 인지과학(CS)의 4대 핵심기술 (NBIC)이 상호 의존적으로 결합되는 것을 의미한다.

1. 기술의 적용 형태는 선택한 기술을 그대로 적용, 선택한 기술을 그대로 적용하되, 불필요한 기술은 버리고 적용, 선택한 기술을 분석하고 가공 등으로 구분할 수 있다.

2. 기술적용 시 고려사항으로는 기술적용에 따른 비용이 많이 드는가, 기술의 수명주기는 얼마인가, 기술의 전략적 중요도는 어느 정도인가, 잠재적으로 응용가능성이 있는가 등이 있다.

3. 기술경영자는 기술을 기업의 전반적인 전략 목표에 통합시키는 능력, 빠르고 효과적으로 새로운 기술을 습득하고 기존의 기술에서 탈피하는 능력, 기술을 효과적으로 평가할 수 있는 능력, 기술 이전을 효과적으로 할 수 있는 능력, 새로운 제품 개발 시간을 단축할 수 있는 능력, 서로 다른 분야에 걸쳐 있는 프로젝트를 수행할 수 있는 능력, 기술 전문 인력을 운용할 수 있는 능력 등이 필요하다.

4. 네트워크 혁명의 특징은 전 세계의 사람들과 이들의 지식과 활동이 연결되면서 나의 지식과 활동이 지구 반대편에 있는 사람에게 미치는 영향의 범위와 정도가 증대되는 한편, 지구 저쪽에서 내려진 결정이 내게 영향을 미칠 수 있는 가능성도 커졌다는 것이다. 따라서 범세계적인 상호 영향이 보편화되면서 사회의 위험과 개인의 불안은 증가한다고 볼 수 있다.

5. 인간 활동의 향상을 위해 중요한 융합기술로는 제조·건설·교통·의학·과학 기술 연구에서 사용되는 완전히 새로운 범주의 물질·장치·시스템, 나노 규모에서 동작하는 부품과 공정의 시스템을 가진 물질 중에서 가장 복잡한 것으로 알려진 생물 세포, 유비쿼터스 및 글로벌 네트워크로 다양한 요소를 통합하는 컴퓨터 및 통신시스템의 기본 원리, 사람의 뇌와 마음의 구조와 기능에 대한 생명공학기술·나노기술·정보기술과 인지과학이 주로 언급된다.

06

OX 문제

01 노하우란 흔히 특허권을 수반하지 않는 과학자, 엔지니어 등이 가지고 있는 체화된 기술을 말하며, 노와이는 어떻게 기술이 성립하고 작용하는가에 대한 원리적 측면에 중심을 둔 개념이다.

02 기술은 노하우를 포함한다. 즉, 기술을 설계하고 생산하고 사용하기 위해 필요한 정보·기술·절차를 갖는 데 노하우가 필요한 것이다.

03 지속가능한 기술이란 기술적 효용 측면에서 석탄과 같이 고갈되는 자연 에너지를 활용하는 기술을 말한다.

04 기술교양은 모든 사람이 광범위한 관점에서 기술의 특성, 기술적 행동, 기술의 힘, 기술의 결과에 대해 어느 정도의 지식을 가지는 것을 의미한다.

05 E-Learning이란 조직 안에서 피교육자인 종업원이 직무에 종사하면서 받게 되는 교육 훈련방법의 하나이다.

06 근로자가 휴가 중 교통사고로 부상당한 경우는 산업재해에 해당하지 않는다.

07 기술 이전의 단계는 성공적인 기술이 다른 지역으로 이동하는 단계로서 기술자들의 역할이 중요하며, 기술 공고화 단계는 경쟁에서 승리한 기술 시스템이 관성화되는 단계이다.

08 기술혁신은 그 과정 자체가 매우 불확실하고 장기간의 시간을 필요로 한다.

09 기술혁신은 노동 집약적인 활동이다.

10 기술혁신 과정의 불확실성과 모호함은 기업 내에서 많은 논쟁과 갈등을 유발할 수 있다.

01 ○   02 ○   03 ×   04 ○   05 ×   06 ○   07 ○   08 ○   09 ×   10 ○

03 지속가능한 기술이란 태양에너지와 같이 고갈되지 않는 자연 에너지를 활용하는 기술이다.

05 OJT에 대한 설명이다. E-Learning은 인터넷을 활용하여 개인 및 조직의 목적과 연결되는 학습경험과 네트워크 기술을 이용하여 상호작용하는 자기주도적인 학습활동이다.

09 기술혁신은 지식 집약적인 활동이다.

OX 문제

11 기술혁신은 조직의 경계를 넘나드는 특성을 갖고 있다.

12 기업에서의 실패는 회사의 존립을 위험하게 하므로 가능한 축소하거나 은폐하여야 한다.

13 하향식 기술선택은 기술 개발 실무를 담당하는 기술자들의 흥미를 유발하고, 그들의 창의적인 아이디어를 활용할 수 있다는 장점이 있다.

14 인터넷 및 문서 형태의 자료를 통해서 수행하는 방법은 간접적 벤치마킹에 해당하는 방법이다.

15 매뉴얼은 작성자 위주의 쉬운 문장으로 쓰여야 한다.

16 특허란 기술적 창작 수준이 소발명 정도인 실용적인 창작(고안)을 보호하기 위한 것을 말한다.

17 지식재산권은 타인에게 사용권을 설정하거나 권리 자체를 양도할 수 있다.

18 기술경영자는 새로운 제품개발 시간을 연장할 수 있는 능력을 가져야 한다.

19 무어의 법칙이란 네트워크의 가치는 사용자 수의 제곱에 비례한다는 법칙을 말한다.

20 사전의 의도나 계획보다는 우연에 의해 이루어지는 경우도 기술혁신에 포함된다.

11 ○　12 ×　13 ×　14 ○　15 ×　16 ×　17 ○　18 ×　19 ×　20 ○

12 개개인은 연구 개발과 같이 지식을 획득하는 과정에서 항상 실패를 겪는다. 따라서 실패를 은폐하거나 과거의 실패를 반복하는 것은 바람직하지 않다.

13 상향식 기술선택에 대한 설명이다. 하향식 기술선택은 경영진에 의한 체계적인 분석이 이루어지고 내부역량, 외부환경 분석, 전략수립을 통해 우선순위를 결정한다는 특징이 있다.

15 매뉴얼은 작성자가 아닌 사용자가 알기 쉽도록 작성되어야 한다.

16 실용신안에 대한 설명이다. 특허란 자연법칙을 이용한 기술적 사상(Idea)의 창작으로, 기술 수준이 높은 것에 대한 독점적 권리를 뜻한다.

18 기술경영자는 새로운 제품개발 시간을 연장하는 것이 아니라 단축할 수 있는 능력을 보유해야 한다.

19 메트칼프의 법칙에 대한 설명이다. 무어의 법칙이란 컴퓨터의 파워가 18개월마다 2배씩 증가한다는 법칙을 말한다.

06

MEMO

PART 07

조직이해능력

PART 07 조직이해능력

[01] 조직이해능력의 의의

1 조직과 조직이해능력

① **조직의 의의**

두 사람 이상이 공동의 목표를 달성하기 위해 의식적으로 구성되며, 상호작용과 조정을 하는 행동의 집합체를 말한다.

② **조직의 기능**

경제적 기능	재화나 서비스를 생산함
사회적 기능	조직 구성원들에게 만족감을 주고 협동을 지속시킴

③ **조직이해능력의 의의**

자신이 속한 조직의 경영과 체제를 이해하고, 직장생활에 대한 국제감각을 가지는 능력을 말한다.

④ **조직이해능력의 필요성**

- 자신의 업무를 효과적으로 수행하기 위해 조직의 체제와 경영에 대해 이해해야 함
- 개인의 업무 성과를 높이고 조직 전체의 경영 효과를 높이기 위해 필요함

Point ▷ **조직이해능력이 필요한 이유**

- 조직과 개인은 영향을 주고받는 관계이기 때문에
- 조직의 범위 내에서 업무를 효과적으로 수행하기 위해서
- 구성원 간의 정보를 공유하고 하나의 조직 목적을 달성하기 위해서
- 조직 구성원들을 안다고 해서 조직의 실체를 완전히 이해할 수는 없기 때문에

2 조직의 유형

① 공식성에 따른 분류

비공식조직으로부터 공식화가 진행되어 공식조직으로 발전되지만, 공식조직 내에서 인간관계를 지향하면서 비공식조직이 새롭게 생성되기도 한다.

공식조직	조직의 구조·기능·규정 등이 조직화되어 있는 조직
비공식조직	개인들의 협동과 상호작용에 따라 형성된 자발적인 집단 조직

② 영리성에 따른 분류

영리조직	기업과 같이 이윤을 목적으로 하는 조직
비영리조직	정부조직을 비롯해 공익을 추구하는 조직

③ 조직 규모에 따른 분류

소규모조직	가족 소유의 상점과 같이 규모가 작은 조직
대규모조직	대기업과 같이 규모가 큰 조직으로, 최근에는 동시에 둘 이상의 국가에서 법인을 설립하고 경영 활동을 벌이는 다국적 기업이 증가하고 있음

3 조직 체제의 구성 요소

① 체제이해능력

조직은 하나의 체제(System)이며, 체제는 특정한 방식이나 양식으로 서로 결합된 부분들의 총체를 의미한다. 따라서 한 조직의 구성원은 자신이 속한 조직의 체제를 이해할 수 있어야 한다.

② 체제(System)의 구성

- 인풋(Input) : 시스템에 유입되는 것
- 업무 프로세스(Process) : 시스템의 연결망, 즉 조직의 구조를 통해서 인풋이 아웃풋으로 전환되는 과정
- 아웃풋(Output) : 업무 프로세스를 통해 창출된 시스템의 결과물

③ 조직의 목표

- 조직이 달성하려는 장래의 상태로, 조직이 존재하는 정당성·합법성을 제공
- 전체 조직의 성과·자원·시장·인력개발·혁신과 변화·생산성에 대한 목표를 포함

④ 조직의 구조

기계적 조직	구성원들의 업무나 권한이 분명하게 정의된 조직
유기적 조직	의사결정권이 하부에 위임되고 업무가 고정적이지 않은 조직

⑤ 업무 프로세스

조직에 유입된 인풋 요소들이 최종 산출물로 만들어지기까지 구성원 간의 업무 흐름이 어떻게 연결되는지를 보여 주는 것

⑥ 조직문화

- 조직이 지속되면 조직 구성원들이 생활양식이나 가치를 공유하게 되는 것
- 조직 구성원들의 사고·행동에 영향을 주며, 일체감·정체성을 부여하여 조직을 안정적으로 유지하는 것

⑦ 조직의 규칙과 규정

- 조직의 목표나 전략에 따라 수립되어 조직 구성원들이 활동 범위를 제약하고 일관성을 부여
- 조직이 구성원들의 행동을 관리하기 위해 규칙·절차에 의존하므로 공식화 정도에 따라 조직의 구조가 결정

4 조직의 변화

① 조직 변화의 의의

급변하는 환경에 맞춰 조직이 생존하려면 조직은 새로운 아이디어와 행동을 받아들이는 조직 변화에 적극적이어야 한다.

② 조직 변화의 과정

환경 변화 인지	환경 변화 중에 해당 조직에 영향을 미치는 변화를 인식하는 것
조직 변화 방향 수립	체계적으로 구체적인 추진 전략을 수립하고, 추진 전략별 우선순위를 마련함
조직 변화 실행	수립된 조직 변화 방향에 따라 조직을 변화시킴
변화 결과 평가	조직 개혁의 진행 사항과 성과를 평가함

③ 조직 변화의 유형

제품·서비스의 변화	기존 제품과 서비스의 문제점을 인식하고 고객의 요구에 부응하기 위한 것으로, 고객을 늘리거나 새로운 시장을 확대하기 위해 변화함
전략·구조의 변화	조직의 목적 달성과 효율성 제고를 위해 조직 구조·경영 방식·각종 시스템 등을 개선함
기술의 변화	새로운 기술을 도입하는 것으로, 신기술이 발명되었을 때나 생산성을 높이기 위해 변화함
문화의 변화	구성원들의 사고방식·가치체계를 변화시키는 것으로, 조직의 목적과 일치시키기 위해 문화를 유도함

1. 개인의 삶은 조직과 밀접하게 연관되어 있으며, 조직이란 두 사람 이상이 공동의 목표를 달성하기 위해 의식적으로 구성되어 상호작용 및 조정을 하는 행동의 집합체이다.

2. 직장은 일을 하는 데 필요한 물리적 장소이자 심리적 공간이다. 이 과정에서 만족감을 얻기도 하고, 좌절감을 경험하기도 한다.

3. 조직은 공식화 정도에 따라서 공식조직과 비공식조직으로 구분할 수 있다. 사기업과 같이 영리를 추구하는 영리조직, 정부조직과 같은 비영리조직으로도 구분할 수 있다. 또한 조직의 규모에 따라 소규모조직과 대규모조직으로 나눌 수 있다.

4. 조직은 외부로부터 끊임없이 영향을 받으며, 목적·체제·구조와 같은 다양한 요소로 구성된다. 따라서 업무를 수행함에 있어서 여러 국면에서의 조직을 이해해야 조직 전체의 경영효과를 높이는 데 기여할 수 있다.

5. 조직 전체의 체제에서 자신이 속한 위치를 확인할 수 있어야 한다. 따라서 체제를 구성하는 조직 목표·조직 구조·조직문화·조직 규칙이나 규정을 이해하고, 전체 조직의 목적 달성에 합목적적으로 행동할 수 있어야 한다.

6. 환경의 변화에 따라 조직은 변화해야 생존할 수 있으므로 조직 변화에 영향을 미치는 환경 변화를 인지하고, 조직 변화 방향을 수립하여 이를 평가하고 실행할 수 있어야 한다.

[02] 경영이해능력

1 경영의 의의

① 경영이란?

조직의 목적을 달성하기 위한 전략·관리·운영 활동 등을 의미하며, 조직은 목적을 달성하기 위해 지속적인 관리와 운영이 요구된다.

② 경영의 4요소

경영 목적	조직의 목적을 어떤 과정과 방법을 통해 수행할 것인가를 제시함
조직 구성원	조직에서 일하고 있는 임직원으로, 이들의 역량과 직무 수행능력에 따라 경영 성과가 달라짐
자금	경영 활동에 사용할 수 있는 돈으로, 이윤 추구를 목적으로 하는 사기업에서 자금은 새로운 이윤을 창출하는 기초가 됨
경영 전략	기업 내 모든 인적·물적자원을 경영 목적을 달성하기 위해 조직화하고, 이를 실행에 옮겨 경쟁우위를 달성하는 일련의 방침 및 활동

③ 경영의 과정

경영 계획	조직의 미래상을 결정하고 이를 달성하기 위한 대안을 분석하며 목표 수립과 실행 방안을 선정하는 과정
경영 실행	조직 목적을 달성하기 위한 활동과 조직 구성원을 관리
경영 평가	경영 실행에 대한 평가로, 수행 결과를 감독하고 교정해 피드백

2 경영 활동

① 경영 활동의 유형

외부 경영 활동	조직 외부에서 조직의 효과성을 높이기 위해 이루어지는 활동으로, 외적 이윤 추구 활동을 말하며, 마케팅 활동이 이에 해당함
내부 경영 활동	조직 내부에서 자원 및 기술을 관리하는 것을 말하며, 인사·재무·생산 관리가 이에 해당함

② 경영참가제도

의의	근로자 또는 노동조합을 경영의 파트너로 인정하는 협력적 노사관계가 중시됨에 따라 이들을 경영의사결정 과정에 참여시키는 것
목적	경영의 민주성 제고, 노사 간의 세력 균형 추구, 새로운 아이디어 제시 또는 현장에 적합한 개선방안 마련, 경영의 효율성 향상, 노사 간 상호 신뢰 증진

Point　**경영의 과정**

- 경영의 과정은 경영 계획·경영 실행·경영 평가의 단계로 이루어진다.
- 경영 계획 단계에서는 조직의 미래상을 결정하고 목표를 수립한다.
- 경영 실행 단계에서는 수립된 실행 방안에 따라 조직 목적 달성을 위한 관리활동이 이루어진다.
- 경영 평가 단계에서는 수행 결과를 감독하고 교정한다.

3 의사결정 과정

① 확인 단계

의사결정이 필요한 문제를 인식하고 이를 진단하는 단계이다.

> • 문제의 중요도나 긴급도에 따라서 체계적으로 이루어지기도 하고, 비공식적으로 이루어지기도 함
> • 문제를 신속히 해결할 필요가 있는 경우에는 진단 시간을 줄이고 즉각 대응해야 함
> • 일반적으로는 다양한 문제를 리스트한 후 주요 문제를 선별하거나 문제의 증상을 리스트한 후 그러한 증상이 나타나는 근본 원인을 찾아야 함

② 개발 단계

확인된 문제의 해결방안을 모색하는 단계이다.

탐색	• 조직 내 기존 해결방법 중에서 새로운 문제의 해결방법을 찾는 과정 • 조직 내 관련자와의 대화나 공식적인 문서 등을 참고
설계	• 이전에 없었던 새로운 문제의 경우 이에 대한 해결안을 설계 • 시행착오적 과정을 거치면서 적합한 해결방법 모색

③ 선택 단계

실행 가능한 해결안을 선택하는 단계이다.

판단	한 사람의 의사결정권자의 판단에 의한 선택
분석	경영과학기법과 같은 분석에 의한 선택
교섭	이해관계집단의 토의와 교섭에 의한 선택
승인	해결방안 선택 후에 조직 내에서 공식적인 승인 절차를 거친 다음 실행

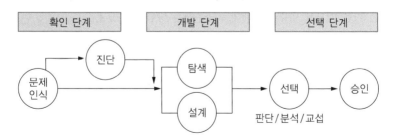

4 집단의사결정

① 집단의사결정의 특징

- 한 사람보다 집단이 가지고 있는 지식과 정보가 더 많으므로 집단의 의사결정이 더 효과적이다.
- 다양한 집단 구성원이 각자 다른 시각에서 문제를 바라보므로 다양한 견해를 가지고 접근할 수 있다.
- 집단의사결정을 할 경우 결정된 사항에 대해 의사결정에 참여한 사람들이 해결책을 수월하게 수용하고, 의사소통의 기회도 향상된다.
- 의견이 불일치하는 경우 의사결정을 내리는 데 시간이 많이 소요된다.
- 특정 구성원에 의해 의사결정이 독점될 가능성이 있다.

② 브레인스토밍의 의의

여러 명이 한 가지의 문제를 놓고 아이디어를 비판 없이 제시해 그중에서 최선책을 찾아내는 방법을 말한다.

③ 브레인스토밍의 규칙

- 다른 사람이 아이디어를 제시할 때에는 비판하지 않는다.
- 문제에 대한 제안은 자유롭게 이루어질 수 있다.
- 아이디어는 많이 나올수록 좋다.
- 모든 아이디어가 제안되고 나면 이를 결합하여 해결책을 마련한다.

④ 브레인라이팅(Brain Writing)

구두로 의견을 교환하는 브레인스토밍과 달리, 포스트잇 같은 메모지에 의견을 적은 다음 메모된 내용을 차례대로 공유하는 방법을 말한다.

5 경영 전략

① 경영 전략의 개념

조직이 환경에 적응해 목표를 달성할 수 있도록 경영 활동을 체계화하는 수단을 말한다.

② 본원적 경쟁 전략(Michael E. Porter)

원가우위 전략	• 원가를 절감해 해당 산업에서 우위를 점하는 전략 • 대량생산을 통해 원가를 낮추거나 새로운 생산 기술을 개발해야 함
차별화 전략	• 생산품과 서비스를 차별화해 고객에게 가치 있게 인식되도록 하는 전략 • 연구·개발·광고를 통해 기술·품질·서비스·브랜드 이미지를 개선해야 함
집중화 전략	• 특정 시장과 고객에게 한정된 전략 • 경쟁 조직들이 소홀히 하고 있는 시장을 집중적으로 공략함

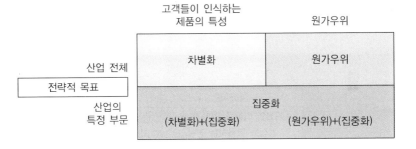

Point / **경영 전략**

• 조직 전략 : 조직의 사명을 정의함
• 사업 전략 : 사업 수준에서 각 사업의 경쟁적 우위를 점하기 위한 방향을 다룸
• 부문 전략 : 기능부서별로 사업 전략을 구체화해 세부적인 수행 방법을 결정함

기업의 환경분석을 통해 강점(Strength)과 약점(Weakness), 기회(Opportunity)와 위협(Threat) 요인을 규정하고 이를 토대로 마케팅 전략을 수립하는 기법이다. 어떤 기업의 내부환경을 분석하여 강점과 약점을 발견하고, 외부환경을 분석하여 기회와 위협을 찾아내어 이를 토대로 강점은 살리고 약점은 죽이고, 기회는 활용하고 위협은 억제하는 마케팅 전략을 수립하는 것을 말한다.

이때 사용되는 4요소를 강점·약점·기회·위협(SWOT)이라고 하는데, 강점은 경쟁기업과 비교하여 소비자로부터 강점으로 인식되는 것은 무엇인지, 약점은 경쟁기업과 비교하여 소비자로부터 약점으로 인식되는 것은 무엇인지, 기회는 외부환경에서 유리한 기회요인은 무엇인지, 위협은 외부환경에서 불리한 위협요인은 무엇인지를 찾아낸다. 기업 내부의 강점과 약점을, 기업 외부의 기회와 위협을 대응시켜 기업의 목표를 달성하려는 SWOT 분석에 의한 마케팅 전략을 정리하면 다음과 같다.

내적요소 외적요소	강점(S)	약점(W)
기회(O)	SO전략 기회의 이점을 얻기 위해 강점을 활용하는 전략	WO전략 약점을 극복하면서 기회의 이점을 살리는 전략
위협(T)	ST전략 위협을 피하기 위해 강점을 활용하는 전략	WT전략 약점을 최소화하고 위협을 피하는 전략

1. 경영이란 조직의 목적을 달성하기 위한 전략·관리·운영활동으로, 특정 조직에게 적합한 특수경영과 조직의 특성에 관계없이 적용할 수 있는 일반경영으로 분류할 수 있다. 경영은 목적·구성원·자금·전략의 4요소로 구성되며 경영계획, 경영 실행, 경영 평가의 단계를 거친다.

2. 조직의 구성원들은 경영참가제도를 통해 조직의 경영의사결정 과정에 참여할 수 있다. 경영참가제도는 경영의 민주성을 제고하고, 현장에 적합한 해결방안을 마련할 수 있다는 장점이 있다.

3. 조직의 의사결정 과정은 개인의 의사결정에 비해 복잡하며 불확실한 환경에서 이루어지는 경우가 많다. 조직의 의사결정 과정에서 혁신적인 결정뿐만 아니라 점진적인 개선을 위한 의사결정을 내리는 경우가 많다.

4. 점진적 의사결정모형을 활용하여 확인 단계(의사결정이 필요한 문제를 확인하는 단계와 주요 문제나 근본 원인을 도출하기 위한 정보를 얻는 진단 단계), 개발 단계(조직 내 기존 해결방법을 찾는 탐색 단계와 새로운 문제에 대한 해결안을 설계하는 설계 단계), 선택 단계(실행가능한 해결안을 선택하고 이를 승인하는 단계)의 순서로 의사결정을 내릴 수 있다.

5. 경영 전략은 조직이 변화하는 환경에 적응하기 위하여 경영 활동을 체계화하는 것으로, 목표달성을 위한 수단이 된다. 경영 전략의 추진과정은 전략목표를 설정하고, 내·외부 환경을 분석하며, 경영 전략을 도출하고, 이를 실행·평가하는 과정으로 이루어진다.

6. 경영 전략 중 해당 사업에서 경쟁우위를 확보하기 위한 본원적 경쟁 전략은 원가절감을 통해 우위를 점하는 원가우위 전략, 생산품이나 제품의 차별화를 통한 차별화 전략, 특정 산업을 대상으로 하는 집중화 전략으로 이루어진다.

07

[03] 체제이해능력

❶ 조직 목표

① 조직 목표의 개념

조직이 달성하려는 장래의 상태로, 미래지향적이지만 현재 조직 행동의 방향을 결정하는 역할을 한다.

② 조직 목표의 기능

- 조직이 존재하는 정당성과 합법성 제공
- 조직이 나아가야 할 방향 제시
- 조직 구성원 의사결정의 기준
- 조직 구성원 행동 수행의 동기 유발
- 수행 평가의 기준
- 조직 설계의 기준

③ 조직 목표의 특징

- 공식적 목표와 실제적 목표가 다를 수 있음
- 다수의 조직 목표를 추구할 수 있음
- 조직 목표 간 위계적 상호관계가 있음
- 가변적 속성임
- 조직의 구성요소와 상호관계를 가짐

④ 목표에 영향을 미치는 요인

내적 요인	조직 리더의 결단이나 태도 변화, 조직 내 권력 구조의 변화 등
외적 요인	경쟁업체의 변화, 자원의 변화, 경제 정책의 변화 등

⑤ **조직 목표의 분류(R. L. Daft)**

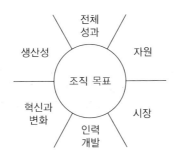

전체 성과	영리 조직은 수익성, 사회복지기관은 서비스 제공과 같은 조직의 성장 목표
자원	조직에 필요한 재료와 재무 자원을 획득하는 것
시장	시장점유율, 시장에서의 지위 향상 등에 대한 목표
인력 개발	조직 구성원에 대한 교육·훈련·승진·성장 등에 대한 목표
혁신과 변화	불확실한 환경 변화에 대한 적응 가능성, 내부의 유연성 향상
생산성	투입된 자원에 대비한 산출량을 높이기 위한 목표, 단위생산비용, 1인당 생산량 및 투입비용 산출

Point **조직 목표**

- 조직은 다수의 목표를 추구할 수 있다.
- 조직 목표는 조직 구성원들의 의사결정 기준이 된다.
- 조직 목표는 환경이나 조직 내에서 다양하나, 원인들에 의해 변동되거나 없어지기도 한다.
- 조직 사명은 공식적이고 장기적인 목표이다.

❷ 조직 구조

① 조직 구조의 이해

> • 조직의 한 구성원으로 조직 내의 다른 사람들과 상호작용해야 함
> • 자신이 속한 조직 구조의 특징을 모르면 자신의 업무와 권한의 범위는 물론 필요한 정보를 누구에게서 어떤 방식으로 얻어야 하는지 알 수 없게 됨

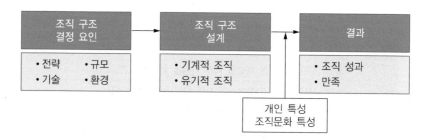

② 조직 구조의 결정 요인

전략	• 조직의 목적을 달성하기 위해 수립한 계획 • 조직이 자원을 배분하고 경쟁적 우위를 달성하기 위한 주요 방침
규모	• 대규모조직은 소규모조직에 비해 업무가 전문화·분화되어 있고 많은 규칙과 규정이 존재
기술	• 조직이 투입 요소를 산출물로 전환시키는 지식·기계·절차 등을 의미 • 소량생산 기술은 유기적 조직, 대량생산 기술은 기계적 조직과 연결
환경	• 안정적이고 확실한 환경에서는 기계적 조직, 급변하는 환경에서는 유기적 조직이 적합

③ 조직 구조의 유형

기계적 조직	• 구성원들의 업무가 분명하게 정의됨 • 다수의 규칙과 규제가 존재함 • 상하 간 의사소통이 공식적인 경로를 통해 이루어짐 • 위계질서가 엄격함
유기적 조직	• 의사결정 권한이 하부 구성원들에게 많이 위임됨 • 업무가 고정되지 않고 공유가 가능함 • 비공식적인 의사소통이 원활함 • 규제나 통제의 정도가 낮음

3 조직 구조의 형태

① 기능적 조직 구조

- 최상층에 최고경영자(CEO)가 위치하고, 구성원들이 단계적으로 배열되는 구조
- 환경이 안정되었거나 일상적인 기술을 사용하는 경우에 유리함
- 기업의 규모가 작을 때 업무의 내용이 유사한 것들을 결합함

② 사업별 조직 구조

- 환경 변화에 효과적으로 대응하고 제품·지역 등의 차이에 신속하게 적응하기 위함
- 의사결정이 분권화되어 이루어짐
- 개별 제품·서비스·프로젝트 등에 따라 조직화됨

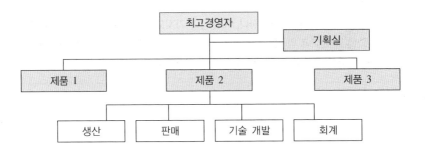

Point 조직 구조의 형태

- 사업별 조직 구조는 기능적 조직 구조보다 분권화된 의사결정이 가능하다.
- 사업별 조직 구조는 기능적 조직 구조보다 제품별 차이에 신속하게 적응하기 위한 것이다.
- 사업별 조직 구조는 기능적 조직 구조보다 급변하는 환경 변화에 효과적으로 대응할 수 있다.

4 조직 내 집단

① 집단의 유형

공식적인 집단	• 조직의 공식적인 목표를 추구하기 위해 만든 집단 • 목표 · 임무가 명확하게 규정함 • 참여하는 구성원들도 인위적으로 결정됨 예 각종 위원회, 임무 수행을 위한 태스크포스
비공식적인 집단	• 조직 구성원들의 요구에 따라 자발적으로 형성된 집단 • 공식적인 업무 이외의 다양한 요구에 의해 이루어짐 예 스터디 모임, 봉사활동 동아리, 각종 친목회

② 집단 간 경쟁

조직 내의 한정된 자원을 더 많이 가지려 하거나 서로 상반되는 목표를 추구하기 때문에 발생하게 된다.

순기능	집단 내부에서는 응집성이 강화되고, 집단의 활동이 더욱 조직화됨
역기능	경쟁이 과열되면 자원의 낭비 · 업무 방해 · 비능률 등의 문제가 발생함

③ 팀

- 구성원들이 공동의 목표를 이루기 위해 기술을 공유하고 공동으로 책임을 지는 집단
- 상호 공동 책임을 중요시하나, 자율성을 가지고 스스로 관리하는 경향이 강함
- 생산성을 높이고 의사를 신속하게 결정하며 창의성 향상을 도모하기 위해 구성됨
- 조직 구성원들의 협력과 관리자층의 지지가 필수적임

1. 조직 목표는 조직이 달성하려는 장래의 상태로, 미래지향적이지만 현재의 조직 행동의 방향을 결정해 주는 역할을 한다. 조직 목표는 다수일 수 있으며, 이들 사이에는 위계적 관계가 있다. 이러한 조직의 목표는 조직 전체의 성과·자원·시장·인력 개발·혁신과 변화·생산성 측면에서 분류될 수 있다.

2. 업무를 수행할 때 자신에게 주어진 업무를 혼자서 진행할 수는 없으며 조직 구성원들과 상호작용해야 한다. 조직 구조는 조직 내의 부문 사이에 형성된 관계로, 조직 목표를 달성하기 위한 조직 구성원들의 유형화된 상호작용과 이에 영향을 미치는 매개체이다.

3. 조직 구조에는 조직의 전략과 규모·기술·환경 등이 영향을 미친다. 이에 따라 기계적 조직과 유기적 조직으로 조직 구조가 구분되고, 조직 활동의 결과로서 조직성과와 만족을 가져온다. 조직은 환경의 변화에 적절하게 대응해야 하므로 환경에 따라 조직의 구조가 달라질 수 있으며, 오늘날과 같은 급변하는 환경에서는 유기적 조직이 적합하다.

4. 조직 구성원은 조직 내에 여러 집단에 소속된다. 집단은 조직 구성원들이 모여서 일정한 상호작용의 체제를 이룰 때에 형성된다. 집단에는 공식적 집단과 비공식적 집단이 있으며, 관련 집단들은 원활한 상호작용을 위해 노력해야 한다.

07

[04] 업무이해능력

1 업무의 의의와 특성

① 업무의 의의

상품이나 서비스를 창출하기 위한 생산적인 활동으로, 조직의 목적 달성을 위한 근거가 된다.

② 업무의 특성

공통된 목적 지향	업무는 조직 목적의 효과적 달성을 위해 세분화된 것이므로 궁극적으로 같은 목적을 지향한다.
적은 재량권	개인이 선호하는 업무를 임의로 선택할 수 있는 재량권이 적다.
다른 업무와의 관련성	업무는 서로 독립적으로 이루어지지만, 업무 간에는 서열이 있어서 순차적으로 이루어지기도 하며, 서로 정보를 주고받기도 한다.
업무 권한	구성원들이 업무를 공적으로 수행할 수 있는 힘을 말하며, 구성원들은 이에 따라 자신이 수행한 일에 대한 책임도 부여받는다.

③ 실제 업무의 예시

부서	업무 예시
총무부	주주총회 및 이사회 개최 관련 업무, 의전 및 비서 업무, 집기·비품 및 소모품의 구입과 관리, 사무실 임차 및 관리, 차량 및 통신시설의 운영, 국내외 출장 업무 협조, 복리후생 업무, 법률 자문과 소송 관리, 사내외 홍보·광고 업무
인사부	조직 기구의 개편 및 조정, 업무분장 및 조정, 인력 수급 계획 및 관리, 직무 및 정원의 조정 종합, 노사 관리, 평가 관리, 상벌 관리, 인사 발령, 교육 체계 수립 및 관리, 임금 제도, 복리후생 제도 및 지원 업무, 복무 관리, 퇴직 관리
기획부	경영 계획 및 전략 수립, 전사 기획 업무 종합 및 조정, 중장기 사업 계획의 종합 및 조정, 경영 정보 조사 및 기획 보고, 경영 진단 업무, 종합예산 수립 및 실적 관리, 단기 사업 계획 종합 및 조정, 사업 계획, 손익 추정, 실적 관리 및 분석
회계부	회계 제도의 유지 및 관리, 재무 상태 및 경영 실적 보고, 결산 관련 업무, 재무제표 분석 및 보고, 법인세·부가가치세·국세·지방세 업무 자문 및 지원, 보험 가입 및 보상 업무, 고정자산 관련 업무
영업부	판매 계획, 판매 예산의 편성, 시장조사, 광고 선전, 견적 및 계약, 제조지시서의 발행, 외상매출금의 청구 및 회수, 제품의 재고 조절, 거래처로부터의 불만 처리, 제품의 애프터서비스, 판매원가 및 판매가격의 조사·검토

2 업무 수행 계획 수립의 절차

① 업무 지침 확인

- 개인이 임의로 업무를 수행하지 않고 조직의 목적에 적절할 수 있도록 안내함
- 업무 지침을 토대로 작성하는 개인의 업무 지침은 업무 수행의 준거가 됨
- 개인의 업무 지침 작성 시에는 조직의 업무 지침, 장·단기 목표, 경영 전략 등을 고려함
- 개인의 업무 지침은 3개월에 한 번 정도로 지속적인 개정이 필요함

② 활용 자원 확인

- 물적자원과 인적자원 등의 업무 관련 자원을 확인함
- 자원은 무한정하지 않으므로 효과적인 활용이 필요함
- 업무 수행에 필요한 지식과 기술이 부족하면 이를 함양하기 위한 계획의 수립이 필요함

③ 업무 수행 시트 작성

- 구체적인 업무 수행 계획을 수립하여 가시적으로 나타냄
- 주어진 시간 내에 일을 끝낼 수 있게 동기부여가 필요함
- 단계별로 협조를 구해야 할 사항과 처리해야 할 일을 체계적으로 알 수 있음
- 문제 발생 시 발생 지점을 정확히 파악할 수 있음

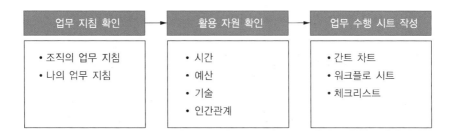

업무 지침 확인	활용 자원 확인	업무 수행 시트 작성
• 조직의 업무 지침 • 나의 업무 지침	• 시간 • 예산 • 기술 • 인간관계	• 간트 차트 • 워크플로 시트 • 체크리스트

3 업무 수행 시트의 종류

① 간트 차트

단계별로 업무를 시작해서 끝내는 데 걸리는 시간을 바 형식으로 표시한다. 전체 일정을 한눈에 볼 수 있고, 단계별로 소요되는 시간과 각 업무활동 사이의 관계를 파악할 수 있다.

업무		6월	7월	8월	9월
설계	자료 수집				
	기본 설계				
	타당성 조사 및 실시 설계				
시공	시공				
	결과 보고				

② 워크플로 시트

일의 흐름을 동적으로 보여 주는 데 효과적이며, 사용되는 도형을 다르게 표현함으로써 각각의 작업의 특성을 구분하여 표현할 수 있다.

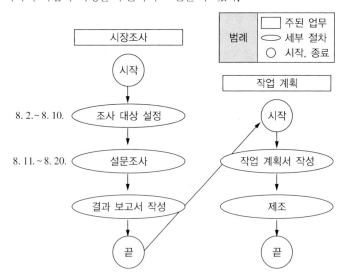

③ 체크리스트

업무의 각 단계를 효과적으로 수행했는지 자가 점검해 볼 수 있다. 시간의 흐름을
표현할 때는 한계가 있지만, 업무를 세부적인 활동들로 나누고 활동별로 기대되는
수행 수준을 달성했는지를 확인하는 데 효과적이다.

업무		체크	
		YES	NO
고객관리	고객 대장을 정비했는가?		
	3개월에 한 번씩 고객 구매 데이터를 분석했는가?		
	고객의 청구 내용 문의에 정확하게 응대했는가?		
	고객 데이터를 분석해 판매 촉진 기획에 활용했는가?		

07

1. 조직 구성원은 업무를 수행하여 조직의 목적을 달성한다. 업무는 조직의 목적이나 규모에 따라 다양하게 구성될 수 있고, 다양한 특성을 가진다.

2. 조직 구성원은 공통된 조직의 목적을 지향하고, 조직문화를 공유하거나 조직문화의 영향을 받지만, 업무에서 요구되는 지식, 기술 및 도구가 다르다. 또한 업무는 다른 업무와의 관계에서의 독립성, 업무 수행의 자율성이 각각 다르다. 따라서 자신에게 주어진 업무의 특성이 무엇인지를 알고 이에 따라 효과적으로 업무를 수행해야 한다.

3. 업무를 효과적으로 수행하기 위해서는 사전에 계획을 수립할 필요가 있다. 먼저 조직과 나의 업무 지침을 확인하고, 업무 수행에 활용할 수 있는 자원과 보완해야 할 자원으로 시간, 예산, 기술 및 인간관계를 확인한다. 그리고 이를 토대로 구체적인 업무 수행 시트를 작성한다.

4. 업무를 수행하다 보면 아무리 계획을 체계적으로 세웠다고 하더라도 여러 방해요소를 경험하게 된다. 이러한 방해요인은 잘 활용하면 오히려 도움이 되는 경우도 있으므로 자신의 업무에 방해요소로 작용하는 것들이 무엇인지를 확인하고 이를 효과적으로 통제하고 관리할 필요가 있다.

5. 업무의 방해요소 중 방문, 인터넷, 전화, 메신저 등과 같은 문제를 해결하기 위해서는 시간을 정해 놓는 등 방해를 받지 않기 위한 자신만의 원칙을 설정할 필요가 있다. 또한 조직 내 갈등이 발생하는 경우 대화와 협상으로 이를 해결하고, 적정 수준의 스트레스는 사람을 자극하여 개인의 능력을 개선하고 최적의 성과를 내게 해 주므로 업무 스트레스를 적절히 관리하도록 한다.

[05] 국제감각

1 국제감각이란?

① 국제감각의 의의

업무를 하는 중에 다른 나라의 문화를 이해하고 국제적인 동향을 이해하는 능력을 말한다.

② 글로벌화의 의의

활동 범위가 세계로 확대되는 것으로, 경제나 산업 등의 측면에서 벗어나 문화나 정치 등 다른 영역까지 확대되는 개념을 말한다.

③ 글로벌화에 따른 변화

세계적인 경제 통합	• 신기술을 확보한 기업이 국경을 넘어 확장 • 다국적 기업의 증가에 따른 국가 간 경제 통합 강화
FTA 체결	• 무역장벽을 없애기 위한 노력

④ 국제적 식견

- 세계를 하나의 공동체로 인식하고, 문화적 배경이 다른 사람과의 커뮤니케이션을 위해 각 국가의 문화적 특징 등에 적응할 수 있는 능력
- 특히 자신의 업무에 대한 국제동향을 파악하고 이를 적용할 수 있는 능력

07

Point 국제감각

- 국제감각은 단순히 외국어만을 잘하는 것이 아니라 다른 나라 사람과의 효과적인 커뮤니케이션을 위해 다른 나라의 문화적 특징을 이해하는 것을 의미한다.
- 국제감각은 세계화가 진행됨에 따라 중요한 능력이 되고 있다.
- 국제감각은 자신의 업무에 대해 국제적인 동향을 파악하고 이를 적용할 수 있는 능력을 의미한다.

2 외국인과의 커뮤니케이션

① 문화충격(Culture Shock)

- 한 문화권에 속한 사람이 다른 문화를 접하게 되었을 때 체험하는 충격이다.
- 상대문화를 이질적으로 대하게 되고 위화감·심리적 부적응 상태를 경험하게 된다.
- 문화충격에 대비하려면 다른 문화에 대해 개방적인 태도를 견지해야 한다.
- 자신의 기준으로 다른 문화를 평가하지 않되, 자신의 정체성은 유지해야 한다.

② 이문화(Intercultural) 커뮤니케이션

언어적 커뮤니케이션	• 언어를 통해 의사소통하는 것으로, 상대방에게 의사를 전달할 때 직접적으로 이용되는 것 • 외국어 사용능력과 직결됨
비언어적 커뮤니케이션	• 생활양식·행동규범 등을 통해 상대방과 의사소통하는 것 • 외국어 능력이 유창해도 문화적 배경을 잘 모르면 언어에 내포된 의미를 오해하거나 수용하지 못할 수 있음

③ 국제동향의 파악

- 관련 분야의 해외 사이트에서 최신 이슈를 확인한다.
- 매일 신문의 국제면을 읽는다.
- 업무에 대한 국제 잡지를 정기구독한다.
- 고용노동부, 한국산업인력공단, 산업통상자원부, 중소벤처기업부, 대한상공회의소, 산업별 인적자원개발위원회 등의 사이트를 방문해 국제동향을 확인한다.
- 국제 학술대회에 참석한다.
- 업무에 대한 주요 용어의 외국어를 알아둔다.
- 해외 서점 사이트를 방문해 최신 서적 목록과 주요 내용을 파악한다.
- 외국인 친구를 사귀고 대화를 자주 나눈다.

1. 글로벌화는 활동 범위가 세계로 확대되는 것으로, 조직은 세계시장에서 경쟁하고 살아남아야 하는 역량을 가져야 한다. 최근에는 다국적 기업이 등장하면서 범지구적 시스템과 네트워크 안에서 기업 활동이 이루어지는 국제경영이 중요시되고 있다.

2. 조직의 시장이 세계로 확대되는 것에 맞춰 의식과 태도, 행동도 세계수준에 이르러야 한다. 따라서 다른 나라의 문화를 이해하고 국제동향을 이해하며, 이를 업무에 활용하는 국제감각을 키워야 한다.

3. 국제동향을 파악해서 업무에 적용할 수 있는 방법으로는 관련 분야의 해외 사이트에 주기적으로 방문하기, 신문의 국제면 읽기, 국제 잡지 구독하기, 해외 서점 사이트에서 최신 서적 확인하기 등이 있다.

4. 사람들은 하나의 문화권에 속한 사람이 다른 문화를 접하게 되었을 때 불일치, 위화감, 심리적 부적응과 같은 문화충격을 경험하게 된다. 문화충격에 대비하기 위해서 자신의 정체성은 유지하되, 다른 문화에 대한 개방적인 태도를 견지하고 새롭고 다른 것을 경험하는 데 적극적인 자세를 가져야 한다.

5. 외국인과 함께 일하는 국제 비즈니스에서 조직의 목적을 달성하기 위해 문화배경을 달리하는 사람과 커뮤니케이션을 하는 이문화 커뮤니케이션을 해야 한다. 이문화 커뮤니케이션은 언어적 커뮤니케이션, 비언어적 커뮤니케이션으로 이루어진다.

6. 조직을 대표해서 외국에 파견된 사람들의 실수는 조직 전체의 모습으로 비치고, 이는 업무성과에 큰 영향을 미치게 된다. 따라서 나라별 주요 국제매너를 숙지할 필요가 있다.

07

OX 문제

01 조직이 발달해 온 역사를 보면 공식조직에서 자유로운 비공식조직으로 발전해 왔다.

02 공식조직 내에서 비공식조직들이 새롭게 생성되기도 한다.

03 체제이해능력이란 조직의 구조와 목적, 업무 프로세스, 조직문화, 규칙 및 규정 등 자신이 속한 조직의 체제를 이해하는 능력을 말한다.

04 조직 구조는 구성원들의 업무나 권한이 분명하게 정의된 유기적 조직과 의사결정권이 하부 구성원들에게 많이 위임되고 업무가 고정적이지 않은 기계적 조직으로 구분된다.

05 조직의 구조는 조직 내의 부문 사이에 형성된 관계로, 조직 구성원들의 공유된 생활양식이나 가치이다.

06 조직이 새로운 아이디어나 행동을 받아들이는 것을 조직 변화 혹은 조직 혁신이라고 한다.

07 조직 변화는 기존의 조직 구조나 경영방식에서 환경 변화에 따라 제품이나 기술을 변화시키는 것이다.

08 경영의 구성요소는 일반적으로 목적, 구성원, 자금, 전략의 4요소로 구분된다. 이 중 구성원은 조직에서 일하고 있는 구성원들이 어떤 역량을 가지고 어떻게 직무를 수행하는가와 관련된다.

09 경영 실행 단계에서는 구체적인 실행 방안을 선정하고 조직 구성원을 관리한다.

10 의사결정 과정 중 선택 단계에서는 새로운 문제에 대한 해결안을 계획한다.

01 × 02 ○ 03 ○ 04 × 05 × 06 ○ 07 × 08 ○ 09 × 10 ×

01 조직이 발달해 온 역사를 보면 비공식조직에서 공식화가 진행되어 공식조직으로 발전해 왔다.

04 조직 구조는 구성원들의 업무나 권한이 분명하게 정의된 기계적 조직과 의사결정권이 하부 구성원들에게 많이 위임되고 업무가 고정적이지 않은 유기적 조직으로 구분된다.

05 조직문화에 대한 설명이다. 조직의 구조는 기계적 조직과 유기적 조직으로 구분된다.

07 조직 변화는 전략이나 구조의 변화를 통해 조직의 조직 구조나 경영방식을 개선하는 것을 의미한다.

09 경영의 과정은 계획, 실행, 평가로 구분되며, 계획 단계에서 조직의 미래상 결정, 대안 분석, 실행 방안을 선정한다. 실행 단계에서는 계획 단계에서 수립된 실행 방안에 따라 조직 목적 달성을 위한 활동과 조직 구성원 관리가 이루어진다.

10 조직 내 의사결정 과정 중 설계 단계에서는 새로운 문제에 대한 해결안을 설계한다.

07

11 브레인스토밍을 이용하여 의사결정을 할 때는 다른 사람의 아이디어를 비판하지 않는 것이 중요하다.

12 조직 전략은 가장 상위단계의 전략으로 조직의 사명을 결정하며, 사업 전략은 사업 수준에서 경쟁적 우위를 점하기 위한 전략이고, 부문 전략은 기능부서별로 사업 전략을 구체화한 것이다.

13 조직 구성원들이 자신의 업무를 성실하게 수행하면 전체 조직 목표는 자연스럽게 달성된다.

14 조직 목표 중 공식적인 목표인 조직 사명은 측정 가능한 형태로 기술되는 단기적인 목표이다.

15 유기적 조직에서는 비공식적인 상호 의사소통이 원활히 이루어지며, 규제나 통제의 정도가 낮아 변화에 따라 쉽게 변할 수 있는 특징을 가진다.

16 팀이 성공적으로 운영되기 위해서는 관리자층의 지지가 요구된다.

17 워크플로 시트는 전체 일정을 한눈에 볼 수 있고, 단계별로 업무의 시작과 끝을 알려 주며, 간트 차트는 도형과 선으로 일의 흐름을 동적으로 보여 준다.

18 업무 스트레스는 해로운 것이므로 없어야 한다.

19 국제감각은 자신의 업무에 대하여 국제적인 동향을 파악하고 이를 적용할 수 있는 능력이다.

20 문화충격에 대비해서 가장 중요한 것은 자신이 속한 문화를 기준으로 다른 문화를 객관적으로 평가하는 일이다.

11 ○ 12 ○ 13 × 14 × 15 ○ 16 ○ 17 × 18 × 19 ○ 20 ×

13 조직 구성원들이 자신의 업무를 성실하게 수행한다고 하더라도 전체 조직 목표에 적절하지 않으면 조직 목표가 달성될 수 없다.

14 조직 목표는 공식적이고 장기적인 목표인 조직 사명과 이를 달성하기 위한 단기적 관점의 세부목표로 이루어진다.

17 간트 차트는 전체 일정을 한눈에 볼 수 있고, 단계별로 업무의 시작과 끝을 알려 주며, 워크플로 시트는 도형과 선으로 일의 흐름을 동적으로 보여 준다.

18 적정 수준의 스트레스는 사람들을 자극하여 개인의 능력을 개선하고 최적의 성과를 내게 하므로 스트레스가 반드시 해로운 것은 아니다.

20 문화충격에 대비해서 가장 중요한 것은 자신이 속한 문화를 기준으로 다른 문화를 평가하지 말고 자신의 정체성은 유지하되, 다른 문화를 경험하는 데 개방적이고 적극적 자세를 취하는 것이다.

07

MEMO

PART 08
대인관계능력

PART 08 대인관계능력

[01] 대인관계능력의 의의

❶ 대인관계능력이란?

① 대인관계능력의 의의와 중요성

  ㉠ 대인관계능력의 의의

  타인과 협조적인 관계를 유지하고, 조직 내·외부의 갈등을 원만히 해결하며, 고객의 욕구를 충족시켜 줄 수 있는 능력을 말한다.

  ㉡ 대인관계능력의 중요성

  일의 규모가 커진 현실에서 혼자서 어떤 일을 하기란 매우 힘들다. 그러므로 대인관계를 원활히 유지하고 개발하는 것이 중요하다.

② 대인관계능력의 하위능력

종류	내용
팀워크능력	다른 구성원들과 목표를 공유하고 원만한 관계를 유지하며, 책임감 있게 업무를 수행하는 능력
리더십능력	조직 구성원들의 업무 향상에 도움을 주며 동기화시킬 수 있고, 조직의 목표 및 비전을 제시할 수 있는 능력
갈등관리능력	직장생활에서 조직 구성원 사이에 갈등이 발생하였을 경우 이를 원만히 조절하는 능력
협상능력	직장생활에서 협상 가능한 목표를 세우고 상황에 맞는 협상 전략을 선택하여 다른 사람과 협상하는 능력
고객서비스능력	고객서비스에 대한 이해를 바탕으로 현장에서 다양한 고객에 대처하고 고객만족을 이끌어 낼 수 있는 능력

> **Point** 〉 **감정은행계좌**
>
> 인간관계에서 구축하는 신뢰의 정도를 은행계좌에 빗대어 은유적으로 표현한 것이다. 다른 사람을 공손하고 친절하게 대하며, 정직하고 약속을 지킨다면 감정을 저축하는 셈이 된다.

2 대인관계 양식의 유형과 특징

유형	특징
지배형	• 대인관계에 자신 있으며 자기주장이 강하고 주도권을 행사함 • 지도력과 추진력이 있음 • 강압적 · 독단적 · 논쟁적이어서 마찰이 발생할 가능성이 높음 • 지시에 순종하지 않고 거만하게 보임
실리형	• 이해관계에 예민하며 성취지향적임 • 자기중심적 · 경쟁적이며, 이익을 우선시함 → 타인에 대한 관심과 배려 부족 • 타인을 신뢰하지 못함 • 불공평한 대우에 예민함
냉담형	• 이성적이고 냉철하며, 의지가 강하고 타인과 거리를 둠 • 타인의 감정에 무관심함 • 긍정적인 감정 표현을 어려워함 • 오랜 기간 깊게 사귀기 어려움
고립형	• 혼자 일하는 것을 좋아하며 감정을 드러내지 않음 • 사회적 상황을 회피하며 감정을 지나치게 억제함 • 침울하고 우유부단하여 고립될 가능성이 있음
복종형	• 수동적이고 의존적임 • 자신감이 낮고 주목받는 일을 피함 • 자신의 의사를 전달하기 어려워함 • 상급자의 위치에서 일하는 것에 부담을 느낌
순박형	• 단순하고 솔직하며, 너그럽고 겸손함 • 주관 없이 끌려 다니기 쉬움 → 이용당할 가능성이 높음 • 원치 않을 때에도 타인의 의견에 반대하지 못함
친화형	• 타인을 배려하며 자기희생적임 • 요구를 잘 거절하지 못하고 타인의 필요를 자신보다 앞세움 • 타인과의 정서적 거리를 유지하기 위해 노력할 필요가 있음 • 본인의 이익도 중요함을 인식할 필요가 있음
사교형	• 외향적이고 인정받고자 하는 욕구가 강함 • 타인에게 간섭하는 경향이 있음 • 쉽게 흥분하고 충동적 성향이 있음 • 개인적인 일을 타인에게 너무 알리는 경향이 있음 • 자신의 내면적 생활에 관심을 가지고, 인정받고자 하는 욕구에 대해 성찰할 필요가 있음

08

1. 대인관계능력이란 타인과 협조적인 관계를 유지하고, 조직 내부 및 외부의 갈등을 원만히 해결하며, 고객의 요구를 충족시켜 줄 수 있는 능력이다.

2. 대인관계를 형성할 때 가장 중요한 요소는 무엇을 말하느냐, 어떻게 행동하느냐보다는 우리의 사람됨이라 할 수 있다. 대인관계에서 정말로 중요한 기법이나 기술은 독립적인 성품으로부터 자연스럽게 나오는 것이다.

3. 대인관계 향상이란 인간관계에서 구축하는 신뢰의 정도를 높이는 것을 의미한다. 다른 사람을 공손하고 친절하게 대하며, 정직하고 약속을 잘 지킨다면 신뢰를 높이는 셈이 된다.

4. 대인관계를 향상시키는 주요 방법에는 상대방에 대한 이해와 배려, 사소한 일에 대한 관심, 칭찬하고 감사하는 마음, 약속의 이행 및 언행일치, 진지한 사과가 있다.

5. 대인관계를 잘 형성하고 유지하기 위해서는 다양한 대인관계 양식에 대한 이해가 필요하다. 대인관계의 유형에는 지배형, 실리형, 냉담형, 고립형, 복종형, 순박형, 친화형, 사교형이 있다.

[02] 팀워크능력

1 팀워크의 의의와 특징

① 팀워크란 무엇인가?

㉠ 팀워크의 정의

'Team'과 'Work'의 합성어로, 팀 구성원이 공동의 목적을 달성하기 위해 상호 협력해 업무를 수행하는 것을 말한다.

㉡ 팀워크와 응집력의 차이

팀워크	응집력
구성원이 공동의 목적을 달성하기 위해 상호 관계성을 가지고 서로 협력해 업무를 수행하는 것	사람들로 하여금 집단에 머물도록 하고, 그 집단의 구성원으로 계속 남아 있기를 원하게 만드는 힘

㉢ 팀워크의 유형

협력·통제·자율 세 가지 기제를 통해 구분되는데, 조직이나 팀의 목적, 추구하는 사업 분야에 따라 서로 다른 유형의 팀워크를 필요로 한다.

② 효과적인 팀의 특징

- 명확하게 기술된 사명과 목표
- 창조적인 운영
- 결과에 초점
- 역할과 책임의 명료화
- 조직화
- 개인의 강점 활용
- 리더십 역량 공유
- 팀 풍토 발전
- 의견의 불일치를 건설적으로 해결
- 개방적인 의사소통
- 객관적인 의사결정
- 팀 자체의 효과성 평가

08

Point 팀워크

- 팀워크의 유형은 보통 세 가지 기제, 즉 협력·통제·자율을 통해 구분된다.
- 팀워크란 팀 구성원이 공동의 목적을 달성하기 위해 상호 관계성을 가지고 협력해 일을 수행하는 것을 의미한다.
- 응집력이란 사람들로 하여금 집단에 머물게 하고, 계속 남아 있기를 원하게 만드는 것이다.

2 팔로워십

① 팔로워십의 의의

리더를 따르는 것으로, 따르는 사람들은 헌신, 전문성, 용기, 정직하고 현명한 평가 능력, 융화력, 겸손함이 있어야 하며, 리더의 결점이 보일 때도 덮어 주는 아량도 있어야 한다. 리더십과 팔로워십은 상호 보완적이며 필수적인 관계를 이룬다.

② 팔로워십의 유형

구분	자아상	동료 / 리더의 시각	조직에 대한 자신의 느낌
소외형	• 자립적 • 일부러 반대 의견 제시 • 조직의 양심	• 냉소적 • 부정적 • 고집이 셈	• 자신을 인정하지 않음 • 적절한 보상의 부재 • 불공정하며 문제가 있음
순응형	• 기쁜 마음으로 과업수행 • 팀 플레이 • 리더나 조직을 믿고 헌신	• 아이디어 없음 • 인기 없는 일은 하지 않음 • 조직을 위해 자신과 가족의 요구를 양보	• 기존 질서 존중 • 리더의 의견을 거스르지 못함 • 획일적인 태도
실무형	• 조직의 운영방침에 민감 • 균형 잡힌 시각 • 규정과 규칙	• 개인의 이익 극대화 • 적당한 열의와 평범한 수완	• 규정 준수 강조 • 명령과 계획의 잦은 변경 • 리더와 부하 간의 비인간적 풍토
수동형	• 리더에 의존 • 지시에 의한 행동	• 제 몫을 하지 못함 • 감독이 반드시 필요	• 조직이 자신의 아이디어를 원치 않음 • 노력과 공헌은 소용없음 • 리더는 마음대로 함
주도형	가장 이상적인 유형		

③ 썩은 사과의 해결

- 문제 상황에 대하여 먼저 그와 대화를 나눈다(리더의 판단이 잘못될 수 있음).
- 문제가 있는 것으로 판명되면 그에게 기대하는 것을 분명히 전하고 스스로 변화될 수 있는 기회를 준다.
- 그로 하여금 책임감을 갖고 변화하게 한다.
- 그가 변하지 않았다면 그를 팀에서 내보낸다. 한 사람의 썩은 사과는 팀 전체를 망칠 수 있다.

3 팀워크의 촉진 방법

① 팀의 문제 발생 징후

- 불평·불만 증가
- 팀원들 간의 적대감이나 갈등
- 할당된 임무와 관계에 대한 혼동
- 냉담과 전반적 관심 부족
- 제안과 혁신 또는 효율적인 문제해결의 부재
- 비효율적인 회의
- 리더에 대한 높은 의존도

② 건설적 피드백

문제 제기	해당 팀원으로 하여금 업무 수행이나 근무태도의 특정 사안에 대해 시정해야 할 부분이 있음을 알게 하는 것으로, 업무목표 달성에 대한 경우나 자신이 해야 할 일이 아닌 업무를 하고 있을 때 문제를 제기하는 단계
상황 이해	업무 수행과 근무태도가 부서에 미치는 영향에 대해 기술하고, 상호 이해에 도달함으로써 해당 팀원이 무엇이 문제인지를 알게 하는 단계
문제 해결	바람직한 결과를 끌어 내기 위해서 해당 팀원이 현재 상황을 개선할 수 있도록 행동을 취하게 하는 단계

③ 갈등의 해결

ㄱ 성공적으로 운영되는 팀은 갈등의 해결에 능숙하다. 효과적인 갈등관리로 혼란과 내분을 방지하고, 팀 진전 과정에서의 방해 요소를 미리 없앤다.

ㄴ 팀원 사이의 갈등을 발견하면 제3자로서 신속히 개입해 중재해야 한다.

08

④ 훌륭한 결정이 되기 위해서 고려해야 할 두 가지 측면

결정의 질	• 쟁점의 모든 측면을 다루었는가? • 모든 팀원과 협의하였는가? • 추가 정보나 조언을 얻기 위해 팀 외부와 협의할 필요가 있는가?
구성원의 참여	• 모든 팀원이 결정에 동의하였는가? • 팀원들은 결정을 실행함에 있어서 각자의 역할을 이해하고 있는가? • 팀원들은 결정을 열성적으로 실행하고자 하는가?

1. 팀워크란 팀 구성원이 공동의 목적을 달성하기 위하여 상호 관계성을 가지고 협력하여 업무를 수행하는 것을 말한다.

2. 효과적인 팀은 팀의 사명과 목표를 명확하게 기술, 창조적인 운영, 결과에 초점을 맞춤, 역할과 책임의 명료화, 조직화, 개인의 강점을 활용, 리더십 역량을 공유, 팀 풍토를 발전, 의견의 불일치를 건설적으로 해결, 개방적인 의사소통, 객관적인 의사소통, 팀 자체의 효과성 평가 등의 특성을 지닌다.

3. 팔로워십(Followership)은 부하로서의 바람직한 특성과 행동을 의미한다. 일반적으로 건강한 부하는 상사가 바람직한 리더십을 발휘하도록 유도하고 지원해야 하며, 상사에게 동의할 뿐만 아니라 건전한 비판도 함께 해야 한다. 그렇기 때문에 팔로워들은 헌신, 전문성, 용기, 정직하고 현명한 평가 능력 등이 있어야 한다.

4. 팀워크를 촉진시키기 위해서는 동료 피드백 장려하기, 갈등을 해결하기, 창의력 조성을 위해 협력하기, 참여적으로 의사결정하기 등의 요소가 필요하다.

[03] 리더십능력

■ 리더십의 의의

① 리더십의 의의

모든 조직 구성원이 각자의 위치에서 가질 수 있는 것으로, 조직의 공통된 목적을 달성하기 위하여 리더가 조직원들에게 행사하는 영향력을 의미한다.

② 리더십에 대한 일반적인 정의 · 개념

- 조직 구성원들로 하여금 조직의 목표를 위해 자발적으로 노력하도록 영향을 주는 행위
- 모든 조직 구성원에게 요구되는 역량
- 자신의 주장을 소신 있게 나타내고 다른 사람들을 격려하는 힘

③ 리더(Leader)와 관리자(Manager)

리더	관리자
• 새로운 상황 창조자	• 상황에 수동적
• 혁신지향적	• 유지지향적
• '내일'에 초점을 맞춘다.	• '오늘'에 초점을 맞춘다.
• 사람을 중시한다.	• 체제나 기구를 중시한다.
• 정신적	• 기계적
• 계산된 위험(Risk)을 취한다.	• 위험(Risk)을 회피한다.
• '무엇을 할까?'를 생각한다.	• '어떻게 할까?'를 생각한다.

08

④ 리더십의 발휘 구도

산업 사회에서 정보 사회로 이행되면서 상사가 하급자에게 발휘하는 형태가 아니라 하급자뿐만 아니라 동료나 상사에게까지도 발휘해야 하는 형태로 바뀌었다.

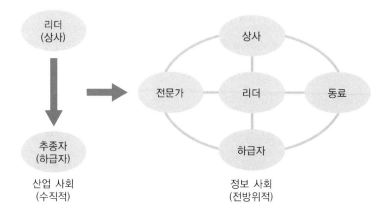

| 산업 사회 (수직적) | 정보 사회 (전방위적) |

2 리더십의 유형

① 독재자 유형

㉠ 정책의사결정과 대부분의 핵심 정보를 자신에게만 국한해 소유한다.

㉡ 통제가 없이 방만한 상태에 있을 때 혹은 가시적인 성과물이 보이지 않을 때 효과적이다.

㉢ 특징

- 질문 금지
  집단의 규칙에 지배자로 군림하고, 동료에게는 그의 권위에 순응하도록 요구하며, 개개인들에게는 주어진 업무만을 수행할 것을 기대한다.
- 모든 정보는 내 것
  '지식(정보)이 권력의 힘'이라고 믿으며, 대부분의 구성원과 조직에 대한 핵심 정보를 독점한다.
- 실수를 용납하지 않음
  언제 어디서나 최고의 질적 수준을 요구하고, 한 번의 실수는 해고나 다른 형태의 징계로 이어진다.

② 민주주의 근접 유형

㉠ 독재자 유형보다는 관대하다. 전체 그룹 구성원 모두를 목표 방향 설정에 참여시킴으로써 구성원들에게 확신을 심어 주려고 노력한다.

㉡ 혁신적이고 탁월한 부하 직원들을 거느리고 있을 때 효과적이다.

㉢ 특징

- 참여
  리더는 팀원들이 한 사람도 소외됨이 없이 동등하다는 것을 확신시킴으로써 비즈니스의 모든 방면에 종사하도록 한다.
- 토론의 장려
  리더는 경쟁과 토론의 가치를 인식해야 하며, 팀이 나아갈 새로운 방향의 설정에 팀원들을 참여시켜야 한다.
- 거부권
  '민주주의에 근접한'이라는 말에서 알 수 있듯이, 이 유형의 리더들이 비록 민주주의적이긴 하지만 최종 결정권은 리더에게만 있다.

08

③ **파트너십 유형**

　㉠ 리더와 집단 구성원 사이의 구분이 희미하다.

　㉡ 소규모조직에서 풍부한 경험과 재능을 소유한 조직원이 있을 때 효과적이며, 신
　　뢰, 정직, 구성원들의 능력에 대한 믿음이 핵심 요소이다.

　㉢ 특징

> • 평등
>   리더는 조직 구성원 중 한 명일 뿐이므로 다른 구성원들보다 더 비중 있게
>   대우받아서는 안 된다.
> • 집단의 비전
>   집단의 모든 구성원은 의사결정 및 팀의 방향을 설정하는 데 참여한다.
> • 책임 공유
>   집단의 모든 구성원은 집단의 행동의 성과 및 결과에 대해 책임을 공유한다.

④ **변혁적 유형**

　㉠ 개개인과 팀이 유지해 온 업무 수행 상태를 뛰어넘으려 한다.

　㉡ 조직에 획기적인 변화가 요구될 때 효과적이다.

　㉢ 특징

> • 카리스마
>   조직에 명확한 비전을 제시하고 집단 구성원들에게 그 비전을 쉽게 전달한다.
> • 자기 확신
>   뛰어난 사업 수완과 함께 어떠한 의사결정이 조직에 긍정적으로 영향을 미
>   치는지 예견할 수 있는 능력이 있다.
> • 존경심과 충성심
>   개개인에게 시간을 할애해 그들 스스로가 중요한 존재임을 깨닫게 하고, 존
>   경심과 충성심을 부여한다.

3 동기부여

① 동기부여의 의의

동기부여는 리더십의 핵심 개념이다. 성과와 목표의 실현은 동기부여의 직접적인 결과이며, 자신에게 동기를 부여해야 좋은 결과를 얻을 수 있다.

② 동기부여의 방법

긍정적 강화법	목표달성을 높이 평가하여 곧바로 보상하는 행위
새로운 도전의 기회 부여	환경 변화에 따라 조직원에게 새로운 업무를 맡을 기회를 제공하여 발전과 창조성을 고무
창의적인 문제 해결법 발견	리더는 조직원이 문제를 해결하도록 지도하고 개입하지만, 실질적인 해결책은 조직원 스스로 찾을 수 있도록 분위기를 조성
역할과 행동에 책임감 부여	자신의 업무에 책임을 지도록 하는 환경 조성 → 구성원은 안정감을 느끼고 의미 있는 일을 하고 있다는 긍지를 가짐
코칭	문제 및 진척 상황을 팀원들과 함께 살피고 지원하며, 지도 및 격려
변화를 두려워하지 않음	위험을 감수해야 할 합리적인 이유와 실현 가능한 목표를 통해 팀원이 안전지대를 벗어나 높은 목표를 향해 가도록 격려
지속적인 교육	지속적인 교육과 성장의 기회 제공을 통해 직원이 상사로부터 인정받고 있으며, 권한을 위임받았다고 느낄 수 있도록 동기부여

08

4 임파워먼트(Empowerment)

① 임파워먼트의 의의

조직 구성원들을 신뢰하고, 그들의 잠재력을 믿으며, 그 잠재력의 개발을 통해 높은 성과의 조직이 되도록 하는 일련의 행위이다.

② 임파워먼트 환경의 특징

- 도전적이고 흥미 있는 일
- 학습과 성장의 기회
- 높은 성과와 지속적인 개선을 가져오는 요인들에 대한 통제
- 성과에 대한 지식
- 긍정적인 인간관계
- 개인들이 공헌하며 만족한다는 느낌
- 상부로부터의 지원

③ 임파워먼트의 장애요인

개인 차원	주어진 일을 해내는 역량 결여, 동기 결여, 결의 부족, 책임감 부족, 의존성
대인 차원	다른 사람과의 성실성 결여, 약속 불이행, 성과를 제한하는 조직의 규범, 갈등 처리 능력 부족, 승패의 태도
관리 차원	통제적 리더십 스타일, 효과적 리더십 발휘 능력 결여, 경험 부족, 정책 및 기획의 실행 능력 결여, 비전의 효과적 전달능력 결여
조직 차원	공감대 형성이 없는 구조와 시스템, 제한된 정책과 절차

5 변화관리의 단계

① 1단계 : 변화의 이해

리더는 먼저 변화의 실상을 정확히 파악한 다음, 익숙했던 것들을 버리는 데서 오는 감정과 심리적 상태를 어떻게 다룰 것인가에 대해 심사숙고해야 한다. 변화관리에서 변화를 다루는 방법만큼 중요한 것은 없다.

> • 변화가 왜 필요한가?
>   변화가 일어나고 있다는 사실은 부인할 수 없다. 변화는 발전을 더욱 가속화한다.
> • 무엇이 변화를 일으키는가?
>   경쟁에서 살아남도록 외부에서 자극을 주는 것으로부터 변화는 시작된다.
> • 변화는 모두 좋은 것인가?
>   변화를 단행하기 전에 반드시 변화에 대한 사항들을 면밀히 검토해야 한다.

② 2단계 : 변화의 인식

리더는 직원들에게 변화에 대한 상세한 정보를 제공하여 직원들 자신이 변화를 주도하고 있다는 마음이 들도록 이끌어야 한다.

> • 개방적인 분위기를 조성한다.
> • 객관적인 자세를 유지한다.
> • 구성원들의 감정을 세심하게 살핀다.
> • 변화의 긍정적인 면을 강조한다.
> • 변화에 적응할 시간을 준다.

③ 3단계 : 변화의 수용

> • 부정적인 행동을 보이는 구성원은 개별 면담을 통해 늘 관심 있게 지켜보고 있다는 사실과 언제든지 대화를 나눌 수 있다는 점을 주지시킨다.
> • 변화에 스스로 대처하려는 직원들에게도 도움을 주어야 한다. 이런 구성원들에게는 '인간은 자기실현적 예언자'라는 점을 인식시키면 좋다.
> • 직원들과 수시로 커뮤니케이션하는 것이 중요하다.

1. 리더십이란 조직의 공통된 목적을 달성하기 위하여 리더가 조직원들에게 행사하는 영향력이다.

2. 리더와 관리자의 가장 큰 차이점은 비전의 유무에서 나타난다. 관리자의 역할이 자원을 관리·분배하고 당면한 문제를 해결하는 것이라면, 리더의 역할은 비전을 선명하게 구축하고 그 비전이 팀원의 협력 아래 실현되도록 환경을 만들어 주는 것이다.

3. 관리자의 관심사가 주로 사람이나 물건을 관리하는 것에 있는 데 비해, 리더의 관심사는 사람의 마음을 중시하고 동기를 부여하는 데 있다. 또한 관리자는 오늘의 구체적인 문제를 대상으로 삼고 일하지만, 리더는 미래를 향한 새로운 상황을 창조한다. 즉, 새로운 상황 창조자인 것이다.

4. 일반적으로 리더십 유형은 독재자 유형, 민주주의 근접 유형, 파트너십 유형, 변혁적 리더십 유형 등 크게 네 가지로 구분할 수 있다.

5. 지속적으로 유지될 수 있는 내적 동기유발의 방법에는 긍정적 강화법 활용, 새로운 도전의 기회 부여, 창의적인 문제 해결법 찾기, 책임감으로 철저히 무장, 몇 가지 코칭하기, 변화를 두려워하지 않는 것, 지속적인 교육 등이 있다.

6. 임파워먼트란 '조직 구성원들을 신뢰하고, 그들의 잠재력을 믿으며, 그 잠재력의 개발을 통해 높은 성과의 조직이 되도록 하는 일련의 행위'로 정의할 수 있다.

7. 일반적인 변화관리의 3단계는 변화 이해하기, 변화 인식하기, 변화 수용하기이다.

[04] 갈등관리능력

1 갈등의 의의

① 갈등의 일반적 의미

조직을 구성하는 개인과 집단, 조직 간에 잠재적 또는 현재적으로 대립하고 마찰하는 사회적·심리적 상태를 말한다.

② 갈등과 조직성과 사이의 관계

다음 그래프에서 갈등이 X_1 수준일 때 조직의 직무성과가 가장 높아진다. 즉, 갈등수준이 적절(X_1)할 때 조직 내부에 생동감이 넘치고 변화지향적이며 문제해결능력이 발휘된다. 그 결과 조직성과는 높아지고, 갈등의 순기능이 작용한다.

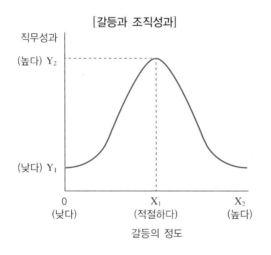

[갈등과 조직성과]

③ 갈등의 증폭원인

적대적 행동	• 팀원은 '승리·패배의 경기'를 시작함 • 팀원은 문제를 해결하기보다는 승리하기를 원함
입장 고수	• 팀원은 공동의 목표를 달성할 필요성을 느끼지 않음 • 팀원은 각자의 입장만을 고수하고, 의사소통의 폭을 줄이며, 서로 접촉하는 것을 꺼림
감정적 관여	• 팀원은 자신의 입장에 감정적으로 묶임

08

2 갈등의 쟁점과 유형

① 갈등의 두 가지 쟁점

모든 갈등에는 두 가지 쟁점들이 서로 중복되거나 교차한다. 주된 갈등이 어떤 일을 하는 방법에 기인한 것이라고 할지라도, 자존심을 위협하거나 질투를 유발하는 것과 같은 감정적인 문제들이 갈등의 강도를 높일 수 있다.

핵심 문제	감정적 문제
• 역할 모호성	• 공존할 수 없는 개인적 스타일
• 방법에 대한 불일치	• 통제나 권력 확보를 위한 싸움
• 목표에 대한 불일치	• 자존심에 대한 위협
• 책임에 대한 불일치	• 질투
• 가치에 대한 불일치	• 분노

핵심적인 문제들은 대부분 갈등의 밑바닥에 깔려 있는 반면, 감정적인 문제들은 갈등을 복잡하게 만든다. 갈등을 해결하기 위해서는 핵심적인 문제부터 차근차근 해결해야 한다.

② 갈등의 두 가지 유형

㉠ 불필요한 갈등

> • 개개인이 저마다 문제를 다르게 인식하거나 정보가 부족한 경우, 편견 때문에 발생한 의견 불일치로 적대적 감정이 생길 때, 불필요한 갈등이 일어난다.
> • 본인이 중요하게 생각하는 문제가 타인으로 인해 해결되지 못한다는 생각이 들 때, 불필요한 갈등이 일어난다.
> • 관리자의 신중하지 못한 태도로 인해 갈등이 발생했을 때, 불필요한 갈등이 심각한 수준에 이를 수 있다.

㉡ 해결할 수 있는 갈등

두 사람이 정반대되는 욕구나 목표, 가치, 이해에 놓였을 때는 해결 가능한 갈등이 일어난다. 목표와 욕망, 가치, 문제를 바라보는 시각과 이해하는 시각이 다를 경우에 일어날 수 있는 갈등이다.

🔳 갈등을 해결하기 위한 방법

① 갈등의 과정

| 의견 불일치 | ⇨ | 대결 국면 | ⇨ | 격화 국면 | ⇨ | 진정 국면 | ⇨ | 갈등의 해소 |

② 갈등 해결방법

회피형	• 자신과 상대방에 대한 관심이 모두 낮은 경우 • 개인의 갈등상황으로부터 철회 또는 회피하는 것 • 나도 지고 너도 지는 방법(I Lose – You Lose)
경쟁형	• 지배형(Dominating)이라고도 함 • 자신에 대한 관심은 높고, 상대방에 대한 관심은 낮은 경우 • 나는 이기고 너는 지는 방법(I Win – You Lose)
수용형	• 자신에 대한 관심은 낮고, 상대방에 대한 관심은 높은 경우 • 나는 지고 너는 이기는 방법(I Lose – You Win) • 상대방이 거친 요구를 해오는 경우에 전형적으로 나타나는 반응
타협형	• 자신과 상대방에 대한 관심이 모두 중간인 경우 • 서로가 받아들일 수 있는 결정을 하기 위하여 타협적으로 주고받는 방식(Give and Take)
통합형	• 협력형(Collaborating)이라고도 함 • 자신은 물론 상대방에 대한 관심이 모두 높은 경우 • 나도 이기고 너도 이기는 방법(I Win – You Win) • 가장 바람직한 갈등 해결 유형

> **Point** / **갈등 해결방법의 모색**

- 어려운 문제에 직면했더라도 피하지 말고 적극적으로 대응한다.
- 다른 사람들의 입장을 이해한다.
- 존중하는 자세로 사람들을 대한다.
- 마음을 열어 놓고 적극적으로 경청한다.

4 윈 – 윈(Win – Win) 갈등관리법

① 윈 – 윈 갈등관리법의 의미

갈등에 대한 모든 사람으로부터 의견을 받아서 문제의 본질적인 해결책을 얻는 것으로, 팀원들에게 서로의 역할을 바꾸어서 수행해 보도록 하는 것 등을 예시로 들수 있다(어떤 모델을 적용할지 미리 결정하는 것보다 팀 내에서 대립이 있을 때마다 적절한 모델을 적용하는 것이 중요).

② 윈 – 윈 전략에 의거한 갈등해결 7단계

　㉠ 1단계 : 충실한 사전 준비

- 비판적인 패러다임을 전환하기
- 자신의 위치와 관심사를 확인하기
- 상대방의 입장과 드러내지 않은 관심사를 연구하기

　㉡ 2단계 : 긍정적인 접근 방식

- 상대방이 필요로 하는 것에 대해 생각해 보았다는 점을 인정하기
- 자신의 '윈 – 윈 의도'를 명시하기
- 윈 – 윈 절차, 즉 협동적인 절차에 임할 자세가 되어 있는지 알아보기

　㉢ 3단계 : 두 사람의 입장을 명확히 하기

- 동의하는 부분을 인정하기
- 기본적으로 다른 부분을 인정하기
- 자신이 이해한 바를 점검하기

　㉣ 4단계 : 윈 – 윈에 기초한 기준에 동의하기

- 상대방에게 중요한 기준을 명확히 하기
- 자신에게 어떠한 기준이 중요한지 말하기

　㉤ 5단계 : 몇 가지 해결책을 생각해 내기
　㉥ 6단계 : 몇 가지 해결책을 평가하기
　㉦ 7단계 : 최종 해결책을 선택하고, 실행하는 것에 동의하기

1. 갈등이란 상호 간의 의견 차이 때문에 발생하게 된다. 목표를 달성하기 위해 노력하는 팀이라면 갈등은 항상 일어나기 마련이다. 그러나 이러한 의견 차이가 항상 부정적인 것만은 아니다.

2. 갈등을 확인할 수 있는 단서로는 지나치게 감정적인 논평과 제안, 타인의 의견 발표가 끝나기도 전에 타인의 의견에 대해 공격, 핵심을 이해하지 못한 것에 대해 서로 비난, 편을 가르고 타협하기를 거부, 개인적인 수준에서 미묘한 방식으로 서로를 공격 등이 있다.

3. 갈등을 증폭시키는 원인에는 적대적 행동, 입장 고수, 감정적 관여 등이 있다.

4. 갈등은 핵심 문제와 감정적 문제로 구분할 수 있으며, 보는 관점에 따라 불필요한 갈등과 해결할 수 있는 갈등으로 구분할 수 있다.

5. 갈등 해결방법 모색 시 명심해야 할 사항으로는 다른 사람들의 입장 이해하기, 어려운 문제는 피하지 말고 맞서기, 자신의 의견을 명확하게 밝히고 지속적으로 강화하기, 사람들과 눈을 자주 마주치기, 마음을 열어놓고 적극적으로 경청하기, 타협하려 애쓰기, 어느 한쪽으로 치우치지 않기, 논쟁하고 싶은 유혹을 떨쳐내기, 존중하는 자세로 사람들을 대하기 등이 있다.

6. 윈 – 윈(Win – Win) 전략이란 갈등에 대한 모든 사람으로부터 의견을 받아서 문제의 본질적인 해결책을 얻는 것을 의미한다.

[05] 협상능력

1 협상의 의의

① 다양한 차원에서 협상의 의미

차원	내용
의사소통 차원	이해당사자들이 자신들의 욕구를 충족시키기 위해 상대방으로부터 최선의 것을 얻어내려고 상대방을 설득하는 커뮤니케이션 과정
갈등 해결 차원	개인, 조직 또는 국가가 가지고 있는 갈등의 문제를 해결하기 위해서 갈등관계에 있는 이해당사자들이 대화를 통해서 상반되는 이익은 조정하고 공통되는 이익을 증진시키는 상호작용 과정
지식과 노력 차원	우리가 얻고자 원하는 것을 어떻게 다른 사람들보다 더 우월한 지위를 점유하면서 얻을 수 있을 것인가 등에 대한 지식이자 노력의 장
의사결정 차원	둘 이상의 이해당사자들이 여러 대안들 가운데 이해당사자들 모두가 수용 가능한 대안을 찾기 위한 의사결정 과정
교섭 차원	선호가 서로 다른 당사자들이 합의에 도달하기 위해 의사결정하는 과정

② 협상의 단계

협상 시작 ⇨ 상호 이해 ⇨ 실질 이해 ⇨ 해결 대안 ⇨ 합의 문서

협상 시작	• 협상 당사자들 사이에 상호 친근감을 쌓음 • 간접적인 방법으로 협상 의사를 전달함 • 상대방의 협상 의지를 확인함 • 협상 진행을 위한 체제를 짬
상호 이해	• 갈등 문제의 진행 상황과 현재의 상황을 점검함 • 적극적으로 경청하고 자기주장을 제시함 • 협상을 위한 협상 대상 안건을 결정함
실질 이해	• 겉으로 주장하는 것과 실제로 원하는 것을 구분하여 실제로 원하는 것을 찾아냄 • 분할과 통합 기법을 활용해 이해관계를 분석함
해결 대안	• 협상 안건마다 대안들을 평가함 • 개발한 대안들을 평가함 • 최선의 대안에 대해서 합의하고 선택함 • 대안 이행을 위한 실행 계획을 수립함
합의 문서	• 합의문을 작성함 • 합의문상의 합의 내용·용어 등을 재점검함 • 합의문에 서명함

② 협상과정에서의 주요 실수

종류	대처방안
준비되기도 전에 협상을 시작하는 것	• 상대방이 먼저 협상을 요구하거나 재촉하면 아직 준비가 덜 되었다고 솔직히 말하기 • 협상준비가 되지 않았을 때는 듣기만 하기
잘못된 사람과의 협상	• 협상 상대가 협상에 대하여 책임을 질 수 있고 타결권한을 가지고 있는 사람인지 확인하고 협상을 시작하기 • 상급자는 협상의 올바른 상대가 아님
특정 입장만 고집하는 것 (입장협상)	• 협상에서 한계를 설정하고 그다음 단계를 대안으로 제시하기 • 상대방이 특정 입장만 내세우는 협상을 할 경우에는 준비를 도와주고 서로 의견을 교환하면서 상대의 마음을 열게 하기
협상의 통제권을 잃을까 두려워하는 것	• 그 사람과의 협상 자체를 고려해 보기 • 자신의 한계를 설정하고 그것을 고수하여 그런 염려를 하지 않게 하기
설정한 목표와 한계에서 벗어나는 것	• 한계와 목표를 잃지 않도록 그것을 기록하고, 기록된 노트를 협상의 길잡이로 삼기
상대방에 대해서 너무 많은 염려를 하는 것	• 상대방이 원하는 것을 얻을까 너무 염려하지 말기 • 협상 마무리 전 자신과 상대방이 각각 만족할 만한 결과를 얻었는지, 결과가 현실적으로 효력이 있었는지, 모두 만족할 만한 상황이 되었는지 확인하기
협상 타결에 초점을 맞추지 못하는 것	• 협상의 모든 단계에서 협상의 종결에 초점을 맞추고, 항상 종결을 염두에 두기

08

3 협상전략의 종류

종류	내용
협력전략 : 문제해결전략 (Cooperative Strategy)	• 협상 참여자들이 협동과 통합으로 문제를 해결하고자 하는 협력적 문제해결 전략 • 문제를 해결하는 합의에 이르기 위해서 협상 당사자들이 서로 협력하는 것 • 'I Win – You Win' 전략 • 협상전술 : 협동적 원인 탐색, 정보 수집과 제공, 쟁점의 구체화, 대안 개발, 개발된 대안들에 대한 공동평가, 협동하여 최종안 선택
유화전략 : 양보전략 (Smoothing Strategy)	• 상대방이 제시하는 것을 일방적으로 수용하여 협상의 가능성을 높이려는 전략 • 상대방의 욕구와 주장에 자신의 욕구와 주장을 조정하고 순응시켜 굴복 • 'I Lose – You Win' 전략 • 협상전술 : 유화, 양보, 순응, 수용, 굴복, 요구사항의 철회
회피전략 : 무행동전략 (Avoiding Strategy)	• 협상을 피하거나 잠정적으로 중단하거나 철수하는 전략 • 협상의 가치가 낮거나 중단하고자 할 때나 상대방에게 필요한 양보를 얻어 내고자 할 때 또는 협상 이외의 방법으로 대안이 존재할 경우에 사용 • 'I Lose – You Lose' 전략 • 협상전술 : 협상을 회피·무시, 상대방의 도전에 대한 무반응, 협상안건을 타인에게 넘겨주기, 협상으로부터 철수
강압전략 : 경쟁전략 (Forcing Strategy)	• 상대방의 주장을 무시하고 자신의 힘으로 일방적으로 밀어붙여 상대방에게 자신의 입장을 강요하는 전략 • 상대방에 비해 자신의 힘이 강하거나 서로 인간관계가 나쁘고, 신뢰가 전혀 없는 상황에서 자신의 실질적 결과를 극대화하고자 할 때 사용 • 'I Win – You Lose' 전략 • 협상전술 : 위압적인 입장 천명, 협박과 위협, 협박적 설득, 확고한 입장에 대한 논쟁, 협박적 회유와 설득, 상대방 입장에 대한 강압적 설명 요청

4 상대방을 설득하는 방법

① See – Feel – Change 전략

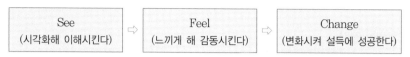

| See
(시각화해 이해시킨다) | ⇨ | Feel
(느끼게 해 감동시킨다) | ⇨ | Change
(변화시켜 설득에 성공한다) |

② 상대방 이해 전략

협상 상대방을 설득하기 위해서는 설득에 장애가 되는 요인들을 척결해야 한다. 협상 전략에 있어서 상대방 이해란 협상 과정상의 갈등해결을 위해서 상대방에 대한 이해가 선행되어 있으면 갈등해결에 용이하다는 것이다.

③ 호혜관계 형성 전략

협상 당사자 사이에 어떤 혜택들을 주고받는 관계가 형성되어 있으면 그 협상 과정상의 갈등해결에 용이하다.

④ 헌신과 일관성 전략

협상 당사자 사이에 기대하는 바에 일관성 있게 헌신적으로 부응해 행동하게 되면 협상 과정상의 갈등해결에 용이하다.

⑤ 사회적 입증 전략

어떤 과학적인 논리보다도 동료나 이웃의 언행에 의해서 상대방 설득을 진행하는 것이 협상 과정상의 갈등해결에 용이하다.

08

⑥ **연결 전략**

협상 과정상의 갈등상태가 발생했을 때 그 갈등 문제와 갈등관리자를 연결하는 것이 아니라 그 갈등을 야기한 사람과 관리자를 연결하면 갈등해결이 용이해진다.

⑦ **권위 전략**

직위나 전문성, 외모 등을 이용하면 협상 과정상의 갈등해결에 도움이 될 수 있다. 사람들은 자신보다 더 높은 직위, 더 많은 지식을 가지고 있다고 느끼는 사람으로부터 설득당하기가 쉽다.

⑧ **희소성 해결 전략**

인적·물적자원 등의 희소성을 해결하는 것이 협상 과정상의 갈등해결에 용이하다. 사람들은 시간적으로 희소하고 사회경제적으로 희소한 것을 소유하고자 하는 강력한 욕구가 있을 때 목숨을 걸 정도로 설득을 잘 당한다.

⑨ **반항심 극복 전략**

협상 과정상의 갈등관리를 위해서 자신의 행동을 통제하려는 상대방에게 반항한다는 것이다. 반대가 심화될수록 희소성이 강화되고 반항심을 더욱 자극해 설득에 실패할 확률이 높아진다.

1. 협상이란 갈등상태에 있는 이해당사자들이 대화와 논쟁을 통해서 서로를 설득하여 문제를 해결하려는 정보전달 과정이자 의사결정 과정이다.

2. 협상과정은 관점에 따라 다양한 형태로 언급할 수 있다. 협상과정은 협상 시작, 상호 이해, 실질 이해, 해결 대안, 합의 문서 등의 5단계로 구분할 수 있다.

3. 협상에 활용되는 전략은 다양하다. 대체로 협상전략은 협력전략, 유화전략, 회피전략, 강압전략 등으로 구분할 수 있다. 협력전략은 'Win – Win' 전략, 유화전략은 'Lose – Win' 전략, 회피전략은 'Lose – Lose' 전략, 강압전략은 'Win – Lose' 전략으로 요약할 수 있다.

4. 협상에 있어 상대방을 설득하는 일은 필수적이다. 상대방을 설득시키기 위해 활용할 수 있는 전략으로는 See – Feel – Change 전략, 상대방 이해 전략, 호혜관계 형성 전략, 헌신과 일관성 전략, 사회적 입증 전략, 연결 전략, 권위 전략, 희소성 해결 전략, 반항심 극복 전략 등이 있다.

08

[06] 고객서비스능력

❶ 고객서비스의 의의와 고객의 불만

① **고객서비스의 의의**

　㉠ 고객서비스의 정의

　　다양한 고객의 요구를 파악하고 적절한 대응법을 마련하여 고객에게 양질의 서
　　비스를 제공하는 것을 말한다.

　㉡ 고객 중심 기업의 일반적 특성

> * 내부 고객, 외부 고객 모두를 중요시한다.
> * 고객만족에 중점을 둔다.
> * 고객이 정보, 제품, 서비스 등에 쉽게 접근할 수 있도록 한다.
> * 기업의 전반적 관리시스템이 고객서비스 업무를 지원한다.
> * 기업이 실행한 서비스에 대해 계속적인 재평가를 실시함으로써 고객에게
>   양질의 서비스를 제공하도록 서비스 자체를 끊임없이 변화시키고 업그레이
>   드한다.

② **고객의 불평을 긍정적으로 활용하기 위해 알아야 할 사항**

> * 불만족한 고객 대부분은 불평하지 않는다. 불평하는 고객은 사업자를 도와주려
>   는 생각에서 불평을 하는 경우가 많다. 따라서 고객의 불평을 감사히 여겨야
>   한다.
> * 고객의 불평은 종종 거친 말로 표현된다. 그러나 이것은 꼭 불만의 내용이 공격
>   적이기 때문에 그런 것은 아니다.
> * 대부분의 불평 고객은 단지 기업이 자신의 불평을 경청하고, 잘못된 내용을 설
>   명하고 제대로 고치겠다고 약속하면서 사과하기를 원한다.
> * 미리 들을 준비를 하고 침착하게 긍정적으로 고객을 대하면 대부분의 불평은
>   빠르고 큰 고통 없이 해결된다.

③ 고객의 불만표현 유형

유형	내용
거만형	• 자신의 과시욕을 드러내고 싶어 하는 고객으로, 보통 제품을 폄하하는 사람들이 많음 • 대응법 : 정중하게 대하는 것이 좋고, 자신의 과시욕이 충족되도록 제지하지 않는 것이 좋다. 의외로 단순한 면이 있어 일단 그의 호감을 얻게 되면 여러 면으로 득이 되는 경우가 많다.
의심형	• 직원의 설명이나 제품의 품질에 대해 의심을 많이 하는 고객 • 대응법 : 분명한 증거나 근거를 제시해 스스로 확신을 갖도록 유도하고, 때로는 책임자로 하여금 응대하도록 하는 것도 좋다.
트집형	• 사소한 것으로 트집을 잡는 까다로운 고객 • 대응법 : 이야기를 경청하면서 맞장구치거나 추켜세우고 설득하는 방법이 효과적이다. 잠자코 고객의 의견을 경청하고 사과를 하는 응대가 바람직하다.
빨리빨리형	• 성격이 급하고, 확신 있는 말이 아니면 잘 믿지 않는 고객 • 대응법 : 애매한 화법의 사용은 피하도록 하고, 여러 가지 일을 신속하게 처리하는 모습을 보이면 응대하기 쉽다.

④ 고객 불만 처리 프로세스

경청	• 고객의 항의를 경청하고, 선입관을 버리고 문제를 파악하기
감사와 공감 표시	• 일부러 시간을 내서 해결의 기회를 준 것에 감사를 표시하기 • 고객의 항의에 공감을 표시하기
사과	• 문제점에 대해 인정하고 잘못된 부분에 대해 사과하기
해결 약속	• 고객이 불만을 느낀 상황에 대해 관심과 공감을 보이며, 문제의 빠른 해결을 약속하기
정보 파악	• 문제해결을 위해 꼭 필요한 질문만 하여 정보를 얻기 • 최선의 해결방법을 찾기 어려우면 고객에게 어떻게 해주면 만족스러울지를 묻기
신속 처리	• 잘못된 부분을 신속하게 시정하기
처리 확인과 사과	• 불만 처리 후 고객에게 처리 결과에 만족하는지를 물어보기
피드백	• 고객 불만 사례를 회사 및 전 직원에게 알려 다시는 동일한 문제가 발생하지 않도록 하기

08

2 고객만족 조사

① 고객만족 조사의 목적

고객의 주요 요구를 파악해 가장 중요한 고객 요구를 도출하고, 자사가 가지고 있는 자원을 토대로 경영 프로세스의 개선에 활용함으로써 경쟁력을 증대시키기 위한 것이다.

② 고객만족 측정 시 범할 수 있는 오류의 유형

- 고객이 원하는 것을 알고 있다고 생각함
- 비전문가로부터 도움을 얻음
- 포괄적인 가치만을 질문함
- 중요도 척도를 오용함
- 모든 고객이 동일한 수준의 서비스를 원하고 필요로 한다고 가정함

③ 고객만족 조사계획 수립

- 조사 분야 및 대상 설정
- 조사 목적 설정
- 조사 방법 및 횟수
- 조사 결과 활용 계획

Point / **고객만족 조사**

- 설문지는 고객들이 쉽게 이해할 수 있는 문항으로 구성해야 한다.
- 조사 방향에 일관성을 부여하기 위하여 조사 결과의 활용 계획을 설정한다.
- 1회만 실시하는 조사보다는 연속해서 시행하는 것이 더 정확한 결과를 얻을 수 있다.
- 조사 대상을 임의로 선택해서는 안 되며, 중요한 고객을 우선 선택해야 한다.

1. 고객서비스란 다양한 고객의 요구를 파악하고 적절한 대응법을 마련하여 고객에게 양질의 서비스를 제공하는 것을 말한다.

2. 고객 불만 표현 유형은 크게 거만형, 의심형, 트집형, 빨리빨리형으로 나눌 수 있다. 거만형은 과시적으로 자신이 가진 지식이나 능력, 소유를 드러내고 싶어하는 유형이고, 의심형은 직원의 설명이나 제품의 품질에 대해 의심을 많이 하는 유형이다. 트집형은 사소한 것으로 트집을 잡는 까다로운 고객 유형이며, 빨리빨리형은 매사에 성격이 급하고, 일처리가 늦어지는 것에 대해 특히 불만을 갖는 고객 유형을 말한다.

3. 고객 불만 처리 프로세스는 다음 8단계로 이루어진다.

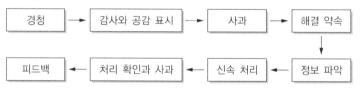

4. 고객만족 조사계획에서 수행되어야 할 것은 조사 분야 및 대상 결정, 조사 목적 설정, 조사 방법 및 횟수, 조사 결과 활용 계획 등이다.

08

01 대인관계능력이란 조직원들과 협조적인 관계 유지, 조직 내부 및 외부의 갈등 해결, 고객의 요구를 충족시켜 줄 수 있는 능력 등을 포괄하는 개념이다.

02 잘못한 일에 대해서 반복되는 사과를 한 경우는 감정은행계좌에 예금을 적립하는 경우에 해당한다.

03 친화형 인간의 경우는 나의 이익보다는 타인의 이익이 중요하다는 것을 인식함으로써 문제점을 해결할 수 있다.

04 응집력이란 사람들로 하여금 집단에 머물도록 만들고, 그 집단의 멤버로서 계속 남아 있기를 원하게 만드는 힘을 의미한다.

05 팔로워십 유형 중 실무형은 조직의 운영방침에 민감하며 사건을 균형 잡힌 시각으로 보는 특징을 가진다.

06 리더십이란 상사가 하급자에게 발휘하는 형태만을 의미한다.

07 독재자 유형의 리더십은 집단이 통제 없이 방만한 상태에 있을 때 혹은 가시적인 성과물이 보이지 않을 때 사용한다면 효과적일 수 있다.

08 변혁적 유형은 소규모조직에서 풍부한 경험과 재능을 소유한 개개인들에게 적합하며, 신뢰, 정직 그리고 구성원들의 능력에 대한 믿음이 핵심 요소이다.

09 목표달성을 높이 평가하여 곧바로 보상하는 행위를 긍정적 강화라고 한다.

10 지속적으로 동기부여를 하기 위해 가장 좋은 방법은 금전적인 보상이나 편익, 승진 등의 외적인 동기유발이다.

01 ○ 02 × 03 × 04 ○ 05 ○ 06 × 07 ○ 08 × 09 ○ 10 ×

02 '잘못한 일에 대하여 반복되는 사과'는 상대방에게 처음 실수를 덮어버리기
위한 변명이나 의도적인 실수, 나쁜 동기 등으로 인식되어 불신을 받아 대인
관계 향상에 오히려 나쁜 영향을 미칠 수 있다.

03 친화형의 경우 타인의 요구를 잘 거절하지 못하고 타인의 필요를 자신의 것
보다 앞세우는 경향이 있기 때문에, 타인의 이익만큼이나 나의 이익이 중요
하다는 것을 인식하는 게 중요하다.

06 과거에는 상사가 하급자에게 리더십을 발휘하는 형태만을 리더십으로 보았
으나, 오늘날은 리더십이 전방위적으로 발휘된다. 즉, 상사가 하급자에게
발휘하는 형태뿐만 아니라 동료나 상사에게까지도 발휘해야 되는 형태를
띤다.

08 파트너십 유형에 대한 설명이다. 변혁적 유형은 개인, 집단, 조직에 있어서
획기적인 변화가 요구될 때 이상적인 유형이다.

10 외적인 동기유발제는 일시적으로 효과를 낼 수 있으며, 단기간에 좋은 결과
를 가져오고 사기를 끌어올릴 수 있지만, 그 효과는 오래가지 못한다. 지속
적으로 자신의 잠재력을 발휘하도록 만들기 위해서는 외적인 동기유발 그
이상의 것을 제공해야 한다.

08

11 임파워먼트 환경에서는 사람들이 현상을 유지하고 순응하게 만드는 경향이 있다.

12 성공적인 임파워먼트를 위해서는 권한 위임의 한계를 명확하게 하여야 한다.

13 일반적인 변화관리 3단계는 변화를 이해하기, 변화를 인식하기, 변화를 수용하기이다.

14 '윈 – 윈(Win – Win) 갈등 관리법'이란 갈등을 피하거나 타협으로 예방하기 위한 방법이다.

15 대인관계 유형 중 순박형은 겸손하고 너그러운 경향이 있으며, 본인이 원치 않는 것에 대해서는 반대 의견을 잘 표현한다.

16 멤버십이란 조직의 구성원으로서 자격과 지위를 갖는 것으로, 훌륭한 멤버십은 리더십의 역할을 충실하게 잘 수행하는 것이다.

17 모든 팀원은 팀 리더의 역량과 의견을 무조건 존중하고 따라야 한다.

18 팔로워십의 유형 중 소외형은 다소 냉소적, 부정적인 시각을 가지고, 조직이 자신을 인정해 주지 않는다는 인식을 갖는다.

19 리더십 유형 중 민주주의 근접 유형은 팀원들의 적극적인 참여와 토론을 장려하되, 최종 결정권은 리더에게 둔다.

20 변화관리에서 있어서 리더는 직원들을 어떻게 도울 것인가를 가장 먼저 고민해야 한다.

11 반임파워먼트 환경에 대한 설명이다. 임파워먼트 환경에서는 사람들의 에너지·창의성·동기 및 잠재능력이 최대한 발휘되는 경향을 보인다.

14 갈등을 피하거나 타협으로 예방하려고 하는 접근법은 상당히 효과적이기는 하지만 문제를 근본적으로 해결해 주는 데는 한계가 있다. '윈 – 윈(Win – Win) 갈등 관리법'은 갈등에 대한 모든 사람으로부터 의견을 받아서 문제의 본질적인 해결책을 얻고자 하는 방법이다.

15 순박형은 겸손하고 너그러운 경향이 있으며, 본인이 원치 않는 것에 대해서는 반대 의견을 잘 표현하지 못한다. 이에 자신의 의견을 표현하고 주장하는 노력이 필요하다.

16 팔로워십이란 조직의 구성원으로서 자격과 지위를 갖는 것으로, 훌륭한 팔로워십은 자신의 역할을 충실하게 잘 수행하는 것이다.

17 팀 리더의 역량과 의견을 무조건적으로 존중하고 따르면 소통의 부재, 팀 갈등 등으로 오히려 팀워크가 저해될 수 있다.

08

20 리더는 직원들을 어떻게 도울지를 고민하기에 앞서, 변화를 단행하기 전에 변화에 대한 현재의 상황을 면밀히 검토해야 한다. 그래야만 변화의 배경과 필요성, 변화의 방향에 대한 조직 내부의 이해와 공감을 얻을 수 있다.

PART 09
자기개발능력

PART 09 자기개발능력

[01] 자기개발능력의 의의

1 자기개발의 의미와 필요성

① 자기개발의 의미

자신의 능력·적성·특성 등에 있어서 강점을 강화하고, 약점을 관리해 성장을 위한 기회로 활용하는 것이다.

② 자기개발능력의 의미

자신의 능력·적성·특성 등의 이해를 기초로 자기 발전 목표를 스스로 수립하고 자기관리를 통해 성취해 나가는 능력을 말한다.

③ 자기개발의 필요성

> • 효과적인 업무 처리, 즉 업무 성과의 향상을 위해 필요하다.
> • 빠르게 변화하는 환경에 적응하기 위해 필요하다.
> • 주변 사람들과 긍정적인 인간관계를 형성하기 위해 필요하다.
> • 달성하고자 하는 목표의 성취를 위해 필요하다.
> • 개인적으로 보람된 삶을 살기 위해 필요하다.

Point 자기개발의 특징

- 생활 가운데 이루어져야 한다.
- 평생에 걸쳐 이루어지는 과정이다.
- 일에 대해 이루어지는 활동이다.
- 모든 사람이 해야 하는 것이다.
- 개인적인 과정으로, 사람들은 자기개발을 통해 지향하는 바와 선호하는 방법이 다르다.

2 자기개발의 방법

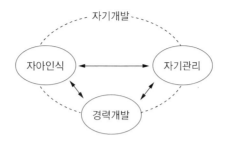

① 자아인식

의미	자신의 가치, 신념 등 자신이 누구인지 아는 것으로, 자신이 어떠한 특성을 가지고 있는지를 인식할 수 있어야 함
방법	내가 아는 나를 확인하는 방법, 다른 사람과의 대화를 통해 알아가는 방법, 표준화된 검사 척도를 이용하는 방법 등

② 자기관리

의미	자신을 이해하고 목표의 성취를 위해 자신의 행동 및 업무 수행을 관리하는 것
과정	자신에 대한 이해를 토대로 비전·목표를 수립 → 과제를 발견 → 자신의 일정을 수립·조정해 자기관리를 수행 → 반성 및 피드백

③ 경력개발

경력	일생에 걸쳐서 지속적으로 이루어지는 일에 대한 경험
경력개발	개인의 경력목표와 전략을 수립하고 실행하며 피드백하는 과정
경력계획	자신과 상황을 인식하고 경력 관련 목표를 설정해 목표를 달성하기 위한 과정
경력관리	경력계획을 준비하고 실행하며 피드백하는 과정

09

3 자기개발 계획

① 자기개발 설계 전략

종류	내용
장·단기 목표의 수립	• 장기 목표 : 보통 5 ~ 20년 정도의 목표로, 욕구·가치·흥미·적성·기대를 고려해 수립한다. • 단기 목표 : 보통 1 ~ 3년 정도의 목표로, 장기 목표를 이루기 위한 기본 단계가 된다.
인간관계의 고려	• 인간관계를 고려하지 않고 자기개발 계획을 수립하면 계획을 실행하는 데 어려움을 겪는다. • 다른 사람과의 관계를 발전시키는 것도 하나의 자기개발 목표가 된다.
현재의 직무 고려	• 현재의 직무 상황과 이에 대한 만족도가 자기개발 계획의 수립에 중요한 역할을 한다. • 현재의 직무 담당에 필요한 능력과 이에 대한 자신의 수준, 개발해야 할 능력, 관련된 적성 등을 고려한다.
구체적인 방법 계획	• 자기개발 방법을 명확하고 구체적으로 수립하면 노력을 집중하고 효율화할 수 있다. • 장기 목표일 경우에는 구체적인 방법을 계획하는 것이 어렵거나 바람직하지 않을 수도 있다.
자신의 브랜드화	• 자신을 알리는 것을 넘어 다른 사람과의 차별화된 특징을 지속적인 자기개발을 통하여 알리는 것을 말한다. • 구체적인 방법에는 소셜네트워크와 인적네트워크의 활용, 경력 포트폴리오의 구성 등이 있다.

② 자기개발 계획 수립의 장애 요인

자기 정보의 부족, 내·외부 작업 정보의 부족, 의사결정 시 자신감의 부족, 일상생활의 요구사항, 주변 상황의 제약

Point 　자기개발 계획의 수립 전략

• 장기 목표의 경우 구체적인 계획의 수립이 바람직하지 않을 수 있다.
• 단기 목표는 장기 목표를 수립하기 위한 기본 단계가 된다.
• 현재의 직무에 대해 계획을 수립해야 한다.

1. 조직 내에서 자신의 능력·적성·특성 등의 객관적 이해에 기초하여 자기 개발 목표를 스스로 설정하고 자기관리를 통하여 성취해 나가는 자기개발능력을 필수적으로 갖춰야 한다.

2. 효과적으로 업무를 처리하기 위해서, 변화하는 환경에 적응하기 위해서, 주변 사람들과 긍정적인 인간관계를 형성하기 위해서, 자신이 달성하고자 하는 목표를 성취하기 위해서, 보람된 삶을 살기 위해서 자기개발을 해야 한다.

3. 자기개발은 주체와 객체가 모두 자신이며, 사람마다 자기개발을 통해 지향하는 바가 모두 다르다. 또한 자기개발은 평생에 걸쳐 이루어지는 과정으로, 일에 대한 생활 가운데 이루어지며, 특정한 사람뿐만 아니라 모든 사람에게 필요하다.

4. 자신의 특성을 아는 자기인식, 자신을 이해하고 목표를 성취하기 위하여 자신의 행동 및 업무 수행을 관리하고 조정하는 자기관리, 개인의 경력목표와 전략을 수립하고 실행하며 피드백하는 경력개발을 통해 자기개발을 도모한다.

5. 사람들은 자기개발의 중요성에 공감하더라도 자기개발에 실패하는 경우가 있다. 따라서 인간의 욕구와 감정을 통제하여 자기개발에 대한 태도를 잘 형성하고, 제한적인 사고를 벗어나 자신을 객관적으로 파악하며, 현재 익숙한 문화에 안주하지 않으려고 노력해야 한다.

6. 자기개발 계획을 수립하여야 보다 명확하게 방향성을 가지고 노력할 수 있다. 이를 위해 장·단기 목표를 수립하고, 인간관계와 현재의 직무를 고려하며, 구체적인 방법을 통해 자기개발을 계획하여야 한다.

09

[02] 자아인식능력

1 자아인식의 개념

① 자아인식의 의미

자신의 요구를 파악하고 자신의 능력·기술을 이해하여 자신의 가치를 확신하는 것으로, 개인과 팀의 성과를 높이는 데 필수적으로 요구된다.

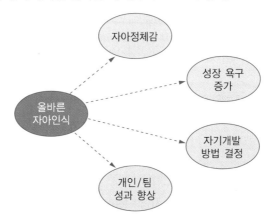

② 자아존중감

개인의 가치에 대한 주관적인 평가와 판단을 통해 자기결정에 도달하는 과정이며, 스스로에 대한 긍정적 또는 부정적 평가를 통해 가치를 결정짓는 것이다.

종류	내용
가치 차원	다른 사람들이 자신을 가치 있게 여기며 좋아한다고 생각하는 것
능력 차원	과제를 완수하고 목표를 달성할 수 있다는 신념
통제감 차원	자신이 세상에서 경험하는 일들과 거기에 영향을 미칠 수 있다고 느끼는 정도

③ 나를 아는 방법

⊙ 본인 스스로에게 질문하는 방법

- 일을 할 때 내 성격의 장·단점은 무엇인가?
- 현재 일에 대한 나의 부족한 부분은 무엇인가?
- 일에 대한 나의 목표는 무엇인가?
- 그것은 나에게 어떠한 의미가 있는가?
- 현재 내가 하고 있는 일이 정말로 내가 원했던 일인가?

ⓒ 다른 사람과의 대화를 통하는 방법

- 나의 장·단점은 무엇인가?
- 내가 무엇을 하고 있을 때 가장 재미있어 보이는가?
- 어려움이나 문제 상황에 처했을 때 나는 어떠한 행동을 하는가?

ⓒ 표준화된 검사도구를 활용하는 방법

자신을 다른 사람과 객관적으로 비교할 수 있는 척도를 제공한다.

09

② 흥미와 적성의 개발 방법과 자아성찰

① 흥미와 적성의 개발 방법

ⓐ 마인드 컨트롤을 하라.

'나는 이 일을 잘할 수 있다.', '지금 주어진 일이 나의 적성에 잘 맞는다.'와 같은 자기암시를 하다 보면 자신도 모르는 사이 자신감을 얻게 되어 흥미를 높일수 있고 적성을 개발할 수 있다.

ⓑ 조금씩 성취감을 느껴라.

작은 성공의 경험들이 축적되어 조금씩 성취감을 느끼게 되면 다음에 해야 할 일도 흥미를 갖게 되어 더 잘할 수 있다.

ⓒ 기업의 문화 및 풍토를 고려하라.

일터에서의 조직문화, 조직풍토를 잘 이해할 수 있어야만 자신의 일에 잘 적응할 수 있고, 일에 대한 흥미를 높이고 적성을 개발할 수 있다.

② 자아성찰을 연습하는 방법

종류	내용
성찰 노트 작성	• 잘했던 일과 잘못했던 일을 매일 성찰하고, 이에 대한 이유와 개선점을 자유롭게 적는다.
끊임없는 질문	• 일이 잘 진행되거나 그렇지 않은 이유는 무엇인가? • 이 상태를 변화시키거나 유지하기 위해 해야 하는 일은 무엇인가?

Point / **자아성찰**

사람은 누구나 처음에는 실수할 수 있다. 그러나 자아성찰을 통해 과거에 했었던 실수를 반복하지 않을 수 있으며, 이로 인해 업무를 수행하는 능력이 향상될 수 있다.

1. 자아인식능력이란 자신의 흥미, 적성, 인성 등 자아 특성을 객관적으로 파악하고 자기정체감을 확인하는 수단이 된다. 자아인식에 기초하여 자기개발을 도모하고 이를 통하여 개인과 팀의 성과를 높일 수 있다.

2. 자기 자신에게 질문하는 방법 외에 다른 사람과의 대화를 통해서, 그리고 보다 객관화된 표준화 검사도구를 활용하여 자신을 객관적으로 파악할 필요가 있다.

3. 직업적 흥미는 자신의 직업에서 이루어지는 활동 등에 대해서 관심과 애착을 느끼는 것이며, 직업적 흥미를 가진 분야의 직업을 선택하여 일을 할 때 그 직업에 만족하고 적응을 잘할 수 있다.

4. 적성에 맞는 일을 하는 사람은 잠재적으로 그 일에 대한 재능을 가지고 있어서 다른 사람보다 잘할 수 있다. 따라서 자신에게 알맞은 직업을 찾고, 성공적인 직업 생활을 영위하기 위해서 자신의 적성을 파악할 필요가 있다.

5. 마인드컨트롤을 통해, 성취감을 느끼는 활동을 통해, 그리고 기업의 문화 및 풍토를 통해 흥미와 적성을 개발할 수 있다.

6. 자신이 한 일에 대한 성찰을 통해 앞으로 다른 일을 하는 데 필요한 노하우를 축적할 수 있으며, 성장의 기회를 마련할 수도 있다. 또한 다른 사람에게 신뢰감을 형성할 수 있고 창의적인 사고도 가능해진다. 이러한 성찰은 지속적인 연습의 과정으로 성찰 노트를 작성하거나 끊임없이 질문하여 개발해야 한다.

09

[03] 자기관리능력

1 자기관리 단계별 계획

① 비전 및 목적 정립

ㄱ 모든 행동과 업무의 기초가 되며 의사결정에 있어서 가장 중요한 지침이다.

ㄴ 비전과 목적을 정립하기 위한 질문

- 나에게 가장 중요한 것은 무엇인가?
- 나의 가치관은 무엇인가?
- 내 삶의 목적은 어디에 있는가?

② 과제 발견

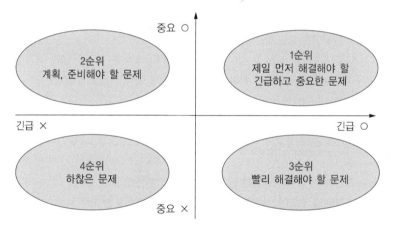

③ 일정 수립

긴급한 문제라고 하여 우선순위를 높게 잡고 계획을 세우면 오히려 중요한 일을 놓칠 수 있다. 앞서 분석한 우선순위에 따라 중요한 일을 모두 수행할 수 있도록 계획을 세워야 한다.

종류	내용
월간 계획	장기적인 관점에서 계획하고 준비해야 할 일을 작성함
주간 계획	우선순위가 높은 일을 먼저 하도록 계획을 세움
일간 계획	보다 자세하게 시간 단위로 작성함

④ **수행**

내가 하려고 하는 일은 무엇인지, 이 일에 영향을 미치는 요소들은 무엇인지, 이를 관리하기 위한 방법은 어떤 것이 있는지 찾아 계획한 대로 바람직하게 수행한다.

⑤ **반성 및 피드백**

㉠ 일을 수행하고 나면 다음 질문을 통해 분석한다.

> • 일을 수행하는 동안 어떤 문제에 직면했는가?
> • 어떻게 결정을 내리고 행동했는가?
> • 우선순위, 일정에 따라 계획적으로 수행했는가?

㉡ 분석 결과를 다음 수행에 반영한다.

Point / **자기관리 단계**

1단계	비전 및 목적 정립	• 자신에게 가장 중요한 것 파악 • 가치관, 원칙, 삶의 목적 정립 • 삶의 의미 파악
2단계	과제 발견	• 현재 주어진 역할 및 능력 • 역할에 따른 활동목표 • 우선순위 설정
3단계	일정 수립	• 일간, 주간, 월간 계획 수립
4단계	수행	• 수행에 대한 요소 분석 • 수행방법 찾기
5단계	반성 및 피드백	• 수행 결과 분석 • 피드백

❷ 합리적인 의사결정

① 합리적인 의사결정의 중요성

합리적인 의사결정은 자신의 목표를 정해 대안들을 찾아 보고 실행 가능한 최상의 방법을 선택해 행동하는 것으로, 의사결정에 따라 개인의 인생 경로가 바뀌며, 조직 전체의 운명이 좌우되기도 한다.

② 합리적인 의사결정 과정

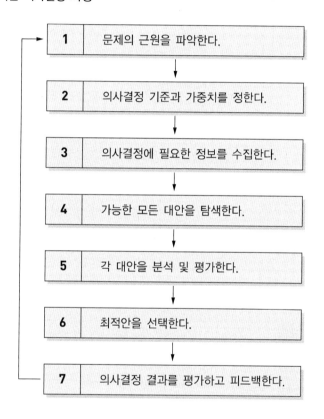

③ 거절의 의사결정과 거절하기

　㉠ 어떤 일을 거절함으로써 발생될 문제와 자신이 거절하지 못해 그 일을 수락했을 때의 기회비용을 따져보고, 거절하기로 결정했다면 이를 추진할 수 있는 의지가 필요하다.

　㉡ 거절의 의사결정을 표현할 때 유의할 사항

> • 상대방의 말을 들을 때에는 문제의 본질을 파악한다.
> • 거절의 의사결정은 빠를수록 좋다.
> • 거절을 할 때에는 분명한 이유를 만들어야 한다.
> • 대안을 제시한다.

Point ▶ **합리적 의사결정을 위한 방법**

• 가능한 모든 대안을 찾는다.
• 의사결정을 하는 데 있어 필요한 자료를 적절히 수집한다.
• 수집한 자료와 의사결정 기준에 따라 대안을 분석·평가한다.
• 팀 내에서 발생한 문제의 원인이나 특성 등을 파악한다.

우리는 자동적 혹은 무의식적으로 일어나는 잘못된 의사결정을 하지 않기 위해 다음과 같은 의사결정의 오류를 알아 둘 필요가 있다.

숭배에 의한 논증(동굴의 우상)
권위 있는 전문가의 말을 따르는 것은 일반적으로 옳을 수 있지만, 무작정 따라간다면 문제가 있다.

상호성의 법칙
상대의 호의로 인한 부담으로 인해 부당한 요구를 거절하지 못하게 된다면 문제가 있다.

사회적 증거의 법칙
베스트셀러를 사는 것처럼 많은 사람들이 하는 것을 무의식적으로 따라간다면 문제가 있다.

호감의 법칙
자신에게 호감을 주는 상대의 권유에 무의식적으로 따라간다면 문제가 있다.

권위의 법칙
권위에 맹종하여 따라간다면 문제가 있다.

희귀성의 법칙
'얼마 없습니다.', '이번이 마지막 기회입니다.'라는 유혹에 꼭 필요하지 않은 것임에도 따라간다면 문제가 있다.

출처 : 설득의 논리학(김용규 저, 웅진 지식하우스)

3 자신의 내면 관리와 성과 향상 방법

① 인내심 키우기

- 자신의 목표를 분명히 한다. 자신의 목표가 정립되면 목표의 성취를 위해 현재의 어려움을 참을 수 있다.
- 새로운 시각으로 상황을 분석한다. 같은 사물·현상이라도 다른 시각으로 보면 극복할 수 있다.

② 긍정적인 마음 가지기

- 긍정적인 마음을 가지려면 자신을 긍정해야 한다. 자신의 능력·가치를 신뢰하고 있는 그대로의 자신을 받아들여 건강한 자아상을 확립한다.
- 과거에 받았던 상처나 고민을 털어버리고, 타인을 원망하는 마음을 가지지 않도록 노력한다.
- 고난·역경을 통해 자신이 성장할 수 있음을 믿고, 어려움 속에서 자신을 개발하는 방법을 터득해야 한다.

③ 업무 수행 성과를 높이기 위한 행동전략

- 일을 미루지 않는다.
- 업무를 묶어서 처리한다.
- 회사와 팀의 업무 지침을 따른다.
- 역할 모델을 설정한다.

09

Point / **인내심과 긍정적인 마인드**

- 인내심을 가진 사람은 신뢰감을 줄 수 있다.
- 자신의 목표를 분명하게 정립하면 인내심을 키우는 데 도움이 된다.
- 인내심을 키우려면 새로운 시각으로 상황을 분석해야 한다.
- 자기 스스로 운명을 통제할 수 있다고 믿는 사람은 그렇지 않은 사람보다 성공할 확률이 더 높다.

1. 자신을 이해하고 목표를 성취하기 위해 자신의 행동 및 업무 수행을 관리하고 조정하여 자신을 관리해야 하며, 이를 위한 자기관리능력을 향상시켜야 한다.

2. 자신의 비전과 목적을 정립하고, 자신의 역할 및 능력을 분석하여 과제를 발견하고, 이에 따른 일정을 수립하고 시행하며, 시행한 결과에 대하여 반성 및 피드백하는 일련의 과정을 통해 자신을 관리할 수 있다.

3. 자기관리가 요구되는 과제의 경우는 적합한 활동목표를 수립하고 이에 따른 우선순위를 구분하여야 한다. 우선순위는 중요성과 긴급성에 따라 구분할 수 있으며, 중요한 과제를 우선적으로 정하여 추진하여야 한다.

4. 자신의 내면을 다스리고 인내심과 긍정적인 마음을 가질 수 있을 때 비로소 성공할 수 있다. 인내심을 키우기 위해서는 자신의 목표를 분명히 하고 다른 관점에서 상황을 분석하도록 노력하며, 긍정적인 마음을 갖기 위해서는 자기 자신을 긍정하고 어려움 속에서도 성장할 수 있다는 가능성을 믿어야 한다.

5. 일을 하는 사람들에게는 자신의 업무 수행 성과를 높이는 것이 가장 중요한 자기개발이다. 업무 수행 성과를 높이기 위해서는 일을 미루지 않으며, 업무를 한 번에 묶어서 처리하고, 회사나 팀의 업무 지침을 준수하며, 역할 모델을 설정하는 등의 노력을 해야 한다.

6. 합리적인 의사결정 과정은 문제의 근원을 파악하고, 의사결정 기준과 가중치를 정하며, 의사결정에 필요한 정보를 수집하고, 가능한 모든 대안을 탐색하여 각 대안을 분석하여 평가하고, 최적안을 선택하여 의사결정 결과를 평가하고 피드백하는 단계를 통해 이루어진다.

[04] 경력개발능력

1 경력개발의 의미

① 경력개발

개인이 경력목표와 전략을 수립하고 실행하며 피드백하는 과정으로, 개인은 한 조직의 구성원으로서 조직과 함께 상호작용하며 자신의 경력을 개발한다.

② 경력개발능력

자신의 진로에 대해 단계적 목표를 설정하고, 목표 성취에 필요한 역량을 개발해 나가는 능력을 말한다.

③ 경력개발능력의 필요성

ㄱ 현대의 급변하는 지식·정보는 조직·일에 영향을 끼치며, 조직 내부적으로 경영 전략이 변화하거나 승진 적체, 직무환경 변화 등의 문제를 겪게 된다.

ㄴ 개인의 발달단계에 따라 일에 대한 가치관·신념이 변화하므로 개인의 진로에 대해 단계적 목표를 세우고 목표 성취에 필요한 능력을 개발해야 한다.

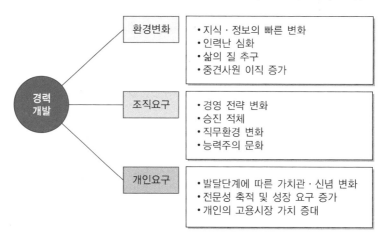

④ 지속적인 경력관리

계속적·적극적인 경력관리를 통해 경력목표를 지속적으로 수정하며, 환경·조직의 변화에 따라 새로운 미션을 수립해 새로운 경력이동 경로를 만들어야 한다.

2 경력단계의 과정

① 경력개발 단계별 세부 내용

직업선택 (0 ~ 25세)	• 최대한 여러 직업의 정보를 수집하여 탐색 후 나에게 적합한 최초의 직업을 선택함 • 관련학과 외부 교육 등 필요한 교육을 이수함
조직입사 (18 ~ 25세)	• 원하는 조직에서 일자리를 얻음 • 정확한 정보를 토대로 적성에 맞는 직무를 선택함
경력초기 (25 ~ 40세)	• 조직의 규칙과 규범에 대해 배움 • 직업과 조직에 적응해 감 • 역량(지식·기술·태도)을 증대시킴
경력중기 (40 ~ 55세)	• 경력초기를 재평가함 • 성인 중기에 적합한 선택을 함
경력말기 (55세 ~ 퇴직)	• 자존심을 유지함 • 퇴직 준비의 자세한 계획을 수립함

② 경력개발 계획의 단계

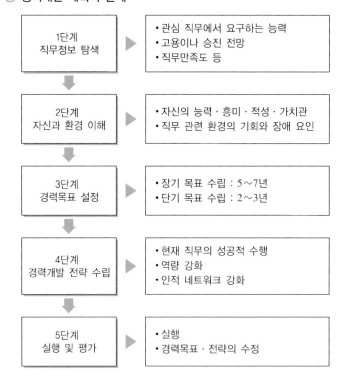

1단계 직무정보 탐색	• 관심 직무에서 요구하는 능력 • 고용이나 승진 전망 • 직무만족도 등
2단계 자신과 환경 이해	• 자신의 능력·흥미·적성·가치관 • 직무 관련 환경의 기회와 장애 요인
3단계 경력목표 설정	• 장기 목표 수립 : 5~7년 • 단기 목표 수립 : 2~3년
4단계 경력개발 전략 수립	• 현재 직무의 성공적 수행 • 역량 강화 • 인적 네트워크 강화
5단계 실행 및 평가	• 실행 • 경력목표·전략의 수정

3 경력개발 관련 최근 이슈

① 평생학습 사회

- 지식과 정보의 폭발적인 증가로 새로운 기술 개발에 따라 평생 동안 지속적인 능력 개발이 필요한 시대가 됐다.
- 평생학습 사회에서는 개인이 현재 가진 능력보다 개인의 학습 능력과 이에 대한 자기개발 노력이 더욱 중요하다.

② 투잡스(Two Jobs)

지속적인 경기불황에 따라 직업이 2개 이상인 사람들이 늘어나고 있고, 주 5일제 근무의 시행으로 투잡은 확대되고 있다.

③ 청년 실업

외환위기 이후 한국 노동시장에서 청년 실업은 매우 큰 문제로 부각되었다. 경기침체 시 대부분의 기업은 우선적으로 신규 채용을 억제하기 때문에 청년 노동시장은 경기 변동에 매우 민감하다.

④ 창업 경력

- 인터넷의 확산으로 시공간의 제약 없이 쉽게 창업하며, 여성들의 창업도 증가하고 있다. 창업하는 이유로는 정치 변화, 경제 변화, 회사 생활에 대한 불만 등이 있다.
- 창업에 성공하려면 자신의 흥미·재능·가치·라이프스타일을 철저히 이해하고, 업무 환경에 대한 충분한 정보를 얻은 후에 구체적인 목표·전략을 수립해 실행해야 한다.

09

⑤ 독립근로자와 같은 새로운 노동형태의 등장

- 긱(Gig) 경제의 출현은 개별 근로자들에게 노동방식과 노동시간에 대한 결정권을 갖게 하였으며, 정보기술의 발달로 원격근무 등 근무환경에 유연해진 것도 다양한 분야에서 독립근로자들이 증가하게 된 배경이 되었다.
- 자신의 경력개발에 대한 책임이 오로지 개인에게 주어지는 경향이 있으므로 특정 조직 안에 고용된 사람들과는 다른 방식으로 경력개발 준비를 해야 한다.

⑥ 일과 생활의 균형(WLB; Work-Life Balance, 워라밸)

- 컨설팅 기업인 타워스 페린의 조사에 따르면 한국의 직장인들은 인재를 끌어들이는 주요인으로 '경쟁력 있는 복리후생 제도(1위)'와 '일과 삶의 균형(2위)'을 꼽았다. 이러한 조사 결과를 통해 '일과 생활의 균형'에 대한 관심이 증가하고 있음을 알 수 있다.
- 경영적 측면에서 WLB 프로그램에 적지 않은 비용이 투입되지만, 긍정적 효과는 아직 가시화되지 않았다.

1. 직업인은 일생에 걸쳐서 지속적으로 나타나는 일에 대한 경험인 경력을 가지며, 이러한 경력에는 직위, 직무에 대한 역할이나 활동뿐만 아니라 여기에 영향을 주고받는 환경적 요소도 포함된다.

2. 직무가 변화되는 외부 상황의 변화나 개인의 기대나 목표가 변화되는 주관적 인식의 변화에 따라 자신의 경력을 개발할 수 있다. 경력개발은 개인이 경력목표와 전략을 수립하고 실행하며 피드백을 하는 과정으로, 한 조직의 구성원으로서 조직과 함께 상호작용하며 자신의 경력을 개발해야 한다.

3. 지식·정보의 빠른 변화와 같은 환경 변화와 조직의 경영 전략이나 승진 적체, 직무환경 변화 등 조직의 요구에 따라 또는 개인의 가치관이나 성장 욕구 등 개인의 요구에 따라 경력개발을 해야 한다.

4. 경력단계는 직업을 선택한 후 조직에 입사하여 직무와 조직의 규칙과 규범에 대해서 배우는 경력초기의 과정을 시작으로 자신이 그동안 성취한 것을 재평가하는 경력중기와 퇴직을 준비하는 경력말기를 통해 마무리된다.

5. 직무정보를 탐색하고, 자신에게 적합한 경력목표를 설정하며, 이에 따른 전략을 수립해서 실행하고 평가·관리하는 단계를 통해 경력개발을 할 수 있다. 다만, 이러한 단계는 명확하게 구분되는 것은 아니며, 중복적으로 이루어질 수 있고 지속적으로 수정될 수 있다.

09

OX 문제

01 자기개발 계획을 수립함에 있어 장기 목표는 단기 목표를 수립하기 위한 기본단계가 된다.

02 인간관계는 자기개발 목표를 수립하는 데 고려해야 될 사항인 동시에 하나의 자기개발 목표가 될 수 있다.

03 마인드 컨트롤은 자신을 의식적으로 관리하는 방법으로, 이를 사용하여 문제상황을 해결할 수 있다. 지속적으로 이 방법을 사용하다 보면 자신감을 얻게 되고 흥미나 적성을 개발할 수 있게 된다.

04 인내심을 키우기 위해서는 일관되게 한 가지 시각으로 상황을 분석한다.

05 경력개발은 자신과 자신의 환경 상황을 인식하고 분석하여 합당한 경력 관련 목표를 설정하는 과정으로, 경력계획과 이를 준비하고 실행하며 피드백하는 경력관리로 이루어진다.

06 자기개발은 자신의 능력·적성·특성에 있어서 강점을 강화시키고 약점을 관리하여 성장을 위한 기회로 활용하는 것이며, 자기개발능력은 자신에 대한 객관적 이해를 기초로 발전 목표를 스스로 수립하고 자신의 관리를 통하여 성취해 나가는 능력을 의미한다.

07 자기개발은 일에 대하여 이루어지는 활동이다.

08 자기개발은 주변 사람과의 관계에서 우위에 서기 위해 필요하다.

09 자기개발은 자기인식, 자기관리, 경력개발의 세 가지로 구성된다.

10 경력은 개인의 경력목표와 전략을 수립하고 실행하며 피드백하는 과정이며, 자신과 상황을 인식하고 경력 관련 목표를 설정하여 그 목표를 달성하기 위한 과정인 경력계획과 경력계획을 준비하고 실행하며 피드백하는 경력관리로 이루어진다.

01 × 02 ○ 03 ○ 04 × 05 ○ 06 ○ 07 ○ 08 × 09 ○ 10 ×

01 단기 목표는 장기 목표를 수립하기 위한 기본단계가 된다.

04 인내심을 키우기 위해서는 새로운 시각으로 상황을 분석해야 한다. 어떤 사물이나 현상을 바라보는 시각은 매우 다양하며, 다양한 시각을 가지게 되면 다른 사람이 하는 행동이나 현재 자신의 생각과 다르게 벌어지는 일에 대하여 참고 넘어갈 수 있게 된다.

08 자기개발은 주변 사람들과 긍정적인 인간관계를 형성하기 위해서 필요한 것이지 타인과의 관계에서 우위에 서기 위해 필요한 것은 아니다.

10 경력개발에 대한 설명이다. 경력은 일생에 걸쳐서 지속적으로 이루어지는 일에 대한 경험을 의미한다.

09

OX 문제

11 다른 사람과의 관계를 발전시키는 것도 하나의 자기개발 목표가 될 수 있다.

12 성찰을 하더라도 한 번 한 실수는 반복적으로 하게 되므로 어떤 경우에도 실수를 하지 않는 것이 중요하다.

13 인내심을 가진 사람은 감정적으로 보인다.

14 업무 수행 성과를 높이기 위해서는 일을 미루지 않고 가장 중요한 일을 먼저 처리하며, 비슷한 업무를 묶어서 처리한다.

15 경력개발은 경력을 탐색하고, 자신에게 적합한 경력목표를 설정하며, 이에 따른 전략을 수립해서 실행하고, 평가하여 관리하는 단계로 이루어진다.

16 긴급한 문제라고 하여 우선순위를 높게 잡고 이를 중심으로 계획을 세우면 오히려 중요한 일을 놓칠 수 있다. 따라서 사전에 정해진 우선순위에 따라 중요한 일을 모두 수행할 수 있도록 계획을 세워야 한다.

17 합리적인 의사결정을 위해서는 핵심적으로 연관된 대안들을 찾은 후 분석하여야 한다.

18 권위 있는 전문가의 말을 따르는 것이 옳다고 생각하는 것은 숭배에 의한 논증 오류(동굴의 우상)에 해당한다.

19 경력초기를 재평가하고 업그레이드된 목표로 수정하는 단계는 경력중기 단계에 해당한다.

20 자아존중감이란 개인의 가치에 대한 주관적인 평가와 판단을 통해 자기결정에 도달하는 과정이며, 스스로에 대한 긍정적 또는 부정적 평가를 통해 가치를 결정짓는 것이다.

11 ○ 12 × 13 × 14 ○ 15 ○ 16 ○ 17 × 18 ○ 19 ○ 20 ○

12 사람은 누구나 처음에는 실수할 수 있다. 그러나 자아성찰을 통해 과거에 했었던 실수를 반복하지 않을 수 있으며, 이로 인해 업무를 수행하는 능력이 향상될 수 있다.

13 인내심을 가지지 못하고 화를 내거나 일을 자꾸 변경하는 사람은 객관적이기보다 감정적인 사람으로 보이고, 신뢰감을 주지 못한다.

17 합리적인 의사결정을 위해서는 가능한 모든 대안을 찾아야 한다.

MEMO

PART 10
직업윤리

PART 10 직업윤리

[01] 직업윤리의 의의

1 윤리란 무엇인가?

① 윤리(倫理)의 의미

인간과 인간 사이에서 지켜야 할 도리를 바르게 하는 것 또는 인간사회에 필요한 올바른 질서를 말한다.

② 윤리적 가치의 중요성

눈에 보이는 경제적 이득만을 추구하는 것이 아니라 삶의 본질적 가치와 도덕적 신념을 존중하기 때문에 윤리적으로 행동해야 한다.

③ 윤리적 인간

공동의 이익을 추구하고, 도덕적 가치 신념을 기반으로 형성되는 인간형을 말한다.

④ 윤리규범의 형성

- 인간의 특성 : 기본적인 욕구 충족에 도움이나 방해가 되는 사물 등에 선호를 가지게 된다.
- 사회적 인간 : 인간은 사회의 공동 목표 달성과 구성원들의 욕구 충족에 도움이 되는 행위는 찬성하고, 반대되는 행위는 비난한다.
- 윤리의 형성 : 인간의 기본적인 특성과 사회성에 적절한 행위가 반복되면서 무엇이 옳고 그른지에 대한 윤리규범이 형성된다.

Point / 윤리적 인간

- 자신의 이익보다 공동의 이익을 우선하는 사람
- 원만한 인간관계를 유지할 수 있도록 타인의 행복을 고려하는 사람
- 눈에 보이는 안락보다는 삶의 가치와 도덕적 신념을 존중하는 사람
- 다른 사람을 배려하면서 행동하는 사람

비윤리적 행위의 원인

• 무지

어떤 사람이 선이라고 생각하고 노력하는 대상이 실제로는 악이라는 사실을 모르거나 그것을 달성하기 위한 수단적 덕목들을 제대로 알지 못하는 경우이다.

• 무관심

자신의 행위가 비윤리적이라는 것은 알고 있지만, 윤리적인 기준에 따라 행동하는 것을 중요하게 여기지 않는 경우이다.

• 무절제

자신의 행위가 잘못이라는 것을 알고 그러한 행위를 하지 않으려고 하지만, 자신의 통제를 벗어나는 어떤 요인으로 인하여 비윤리적 행위를 저지르는 것이다.

비윤리적 행위의 유형

• 도덕적 타성

사람의 행동이나 사회현상에도 기존 패턴을 반복하려는 경향, 즉 타성(惰性, Inertia)이 존재한다. 타성은 나태함이나 게으름의 뜻을 내포하고 있는데, 바람직한 행동이 무엇인지 알고 있으면서도 취해야 할 행동을 취하지 않는 무기력한 모습이라고 할 수 있다.

• 도덕적 태만

비윤리적인 결과를 피하기 위하여 일반적으로 필요한 주의나 관심을 기울이지 않는 것이다.

• 거짓말

상대를 속이려는 의도로 표현되는 메시지라고 할 수 있다. 주로 말이나 글로 표현되는 것에 한정하며, 상대를 속이려는 의도가 있는 것을 말한다.

2 직업과 직업윤리

① 직업의 의미

직업은 생활에 필요한 경제적 보상을 주고, 평생에 걸쳐 물질적인 보수 외에 만족감·명예 등 자아실현의 중요한 기반이 된다.

② 직업의 특징

종류	내용
계속성	주기적으로 일을 하거나 명확한 주기가 없어도 계속 행해지며, 현재 하고 있는 일을 계속할 의지와 가능성이 있어야 함을 의미한다.
경제성	경제적 거래 관계가 성립되는 활동이어야 한다. 따라서 무급 자원봉사나 전업 학생은 직업으로 보지 않으며, 자연 발생적인 이득의 수취나 우연하게 발생하는 경제적 과실에 전적으로 의존하는 활동도 직업으로 보지 않는다.
윤리성	비윤리적인 영리 행위나 반사회적인 활동을 통한 경제적 이윤 추구는 직업 활동으로 인정되지 않음을 의미한다.
사회성	모든 직업 활동이 사회 공동체적 맥락에서 의미 있는 활동이어야 한다는 것이다.
자발성	속박된 상태에서의 제반 활동은 경제성이나 계속성의 여부와 상관없이 직업으로 보지 않는다는 것이다.

③ 직업윤리의 의미

직업에 종사하는 현대인으로서 누구나 공통적으로 지켜야 할 윤리 기준으로, 개인 윤리를 바탕으로 직업에 종사하는 과정에서 요구되는 특수한 윤리규범을 의미한다.

④ 직업윤리의 5대 기본원칙

종류	내용
객관성의 원칙	업무의 공공성을 바탕으로 공과 사 구분을 명확히 하고, 모든 것을 숨김없이 투명하게 처리하는 것을 말함
고객 중심의 원칙	고객에 대한 봉사를 최우선으로 생각하고, 현장·실천 중심으로 일하는 것을 말함
전문성의 원칙	자기 업무에 전문가로서의 능력과 의식을 가지고 책임을 다하며, 능력을 연마하는 것을 말함
정직과 신용의 원칙	업무에 대한 모든 것을 숨김없이 정직하게 수행하고, 본분과 약속을 지켜 신뢰를 유지하는 것을 말함
공정 경쟁의 원칙	법규를 준수하고, 경쟁 원리에 따라 공정하게 행동하는 것을 말함

1. 윤리적인 인간은 자기 개인의 이익보다 공동의 이익을 추구하고, 도덕적 가치 신념을 중요하게 여기는 사람이다.

2. 살아가는 과정에서 어떤 행위는 '마땅히 해야 할 행위', 어떤 행위는 '결코 해서는 안 될 행위' 등으로 가치를 인정받게 된다. 이러한 측면에서 볼 때, 모든 윤리적 가치는 만고불변의 진리가 아니라 시대와 사회 상황에 따라서 조금씩 다르게 변화되는 것이다.

3. 윤리란 '인간과 인간 사이에서 지켜야 할 도리를 바르게 하는 것' 또는 '인간사회에 필요한 올바른 질서'를 말한다.

4. 현실적으로 사람들이 행하는 비윤리적 행위에는 도덕적 타성, 도덕적 태만, 거짓말 등이 있다.

5. 직업은 생활에 필요한 경제적 보상을 줄 뿐만 아니라 평생에 걸쳐 물질적인 보수 외에 만족감, 명예 등 자아실현의 중요한 기반이 된다.

6. 직업에 종사하는 현대인으로서 누구나 공통으로 지켜야 할 윤리 기준을 직업윤리라고 한다.

7. 직업윤리의 일반적 덕목에는 소명의식, 천직의식, 직분의식, 책임의식, 전문가 의식, 봉사의식 등이 있으며, 한국인들은 중요한 직업윤리 덕목으로 책임감, 성실함, 정직함, 신뢰성, 창의성, 협조성, 청렴함 등을 강조한다.

8. 직업윤리란 개인윤리를 바탕으로 직업에 종사하는 과정에서 요구되는 특수한 윤리규범이다. 기본적으로 직업윤리도 개인윤리의 연장선이라 할 수 있다.

10

[02] 근로윤리

1 근면한 태도

① 근면의 개념적 특성

- ㉠ 고난의 극복 : 근면은 과거의 고난을 극복한 경험을 통해 형성되고, 현재의 고난을 극복할 수 있는 자원이 된다.
- ㉡ 개인의 절제나 금욕 : 근면은 고난을 극복하기 위해서 금전과 시간, 에너지를 사용할 수 있도록 준비하는 것이다.
- ㉢ 장기적이고 지속적인 행위 과정 : 근면은 고난을 극복하기 위해서 어려움 속에서도 목표를 완성시킴으로써 결과에 만족하고 이를 마무리하면서 그 가치를 완성하는 것이다.

② 근면의 종류

종류	내용
외부로부터 강요당한 근면	• 삶(생계)의 유지를 위해 필요에 의해서 강요된 근면 • 오직 삶의 유지를 위해 열악한 노동 조건에서 기계적으로 일하는 것
자진해서 하는 근면	• 자신의 것을 창조하며 조금씩 자신을 발전시키고, 시간의 흐름에 따라 자아를 확립시켜 가는 근면 • 세일즈맨이 자신의 성과를 높이기 위해 노력하는 것

③ 근면의 변화 방향

개인의 성장과 자아의 확립, 나아가 행복하고 자유로운 삶을 살기 위한 근면으로 구현될 필요가 있다.

Point

자진해서 하는 근면
- 영희는 미국 여행을 위해 매일 30분씩 영어 공부를 한다.
- 70세를 넘긴 B씨는 뒤늦게 공부에 재미를 느껴 현재 만학도로 공부에 전념하고 있다.

외부로부터 강요당한 근면
- 진수는 어머니의 성화에 못 이겨 공부에 매진하고 있다.
- A씨는 상사의 지시로 3일 동안 야근을 했다.

2 정직과 성실

① 정직의 의의

- 타인이 전하는 말·행동이 사실과 적절하다는 신뢰가 없다면 일일이 직접 확인해야 하므로 사람들의 행동은 상당한 제약을 피할 수 없으며, 조직과 사회 체제의 유지 자체가 불가능해진다.
- 정직에 기반을 두는 신뢰가 있어야만 사람과 사람이 함께 살아가는 사회 시스템이 유지·운영될 수 있다.

② 성실의 의미

사전적 의미	정성스럽고 참됨을 의미하며, 단어의 본질을 살펴 보았을 때 그 의미가 근면함보다는 충(忠) 혹은 신(信)의 의미와 더 가까움
심리학적 의미	사회규범이나 법을 존중하고 충동을 통제하며 목표 지향적 행동을 조직하고 유지하며 목표를 추구하도록 동기를 부여하는 것을 의미하기도 함

③ 현대 사회에서의 성실성

- 사회적 자본이란 사회 구성원들이 힘을 합쳐 공동 목표를 효율적으로 추구할 수 있게 하는 자본을 가리키는데, 신뢰를 포괄하는 성실은 보이지 않는 가장 확실한 사회적 자본이다.
- 성실의 항상성은 다른 덕목들의 모태가 되며, 어떠한 일을 할 때 꾸준히 정성을 다하도록 만든다. 이는 조직에서 생활을 영위할 때 중요한 요인으로 작동한다.
- 성실의 결핍은 결과적으로 위법 행위로 이어지고, 나아가 사회 전반에 악영향을 끼치게 된다.
- 성실이 항상 긍정적인 측면만 지니고 있는 것은 아니다. 성실은 시대 개념적 차원에서 볼 때 현대 사회와 어울리지 않는 한계성 또한 지니고 있으므로 성실의 전환을 시도할 필요가 있다.

10

부정청탁 및 금품 등 수수의 금지에 관한 법률은 공직자 등에 대한 부정청탁 및 공직자 등의 금품 등의 수수를 금지함으로써 공직자 등의 공정한 직무 수행을 보장하고 공공기관에 대한 국민의 신뢰를 확보하는 것을 목적으로 하는 법률이다.

국가는 공직자가 공정하고 청렴하게 직무를 수행할 수 있는 근무 여건을 조성하기 위하여 노력하여야 한다. 공공기관은 공직자 등의 공정하고 청렴한 직무 수행을 보장하기 위하여 부정청탁 및 금품 등의 수수를 용인하지 아니하는 공직문화 형성에 노력하여야 하며, 공직자 등이 위반행위 신고 등 이 법에 따른 조치를 함으로써 불이익을 당하지 아니하도록 적절한 보호조치를 하여야 한다.

국가나 공공기관의 책무도 있지만, 공직자 등도 부정청탁과 관련한 의무가 존재한다. 공직자 등은 사적 이해관계에 영향을 받지 아니하고 직무를 공정하고 청렴하게 수행하여야 하며, 직무 수행과 관련하여 공평무사하게 처신하고 직무 관련자를 우대하거나 차별해서는 아니 된다. 당연히 부정청탁을 받은 내용에 따라 직무를 수행해서도 아니 되며, 이와 관련하여 공직자 등은 직무 관련 여부 및 기부·후원·증여 등 그 명목에 관계없이 법률로 정하는 범위 외의 금품 등을 받거나 요구 또는 약속해서는 아니 된다.

1. 근면이란 사전적으로 '부지런히 일하며 힘씀'을 의미하며, 개념적으로는 고난의 극복, 개인의 절제나 금욕, 장기적이고 지속적인 행위 과정으로 나타난다.

2. 근면에는 두 종류가 있다. 첫째는 외부로부터 강요당한 근면이고, 둘째는 스스로 자진해서 하는 근면이다. 자진해서 하는 근면은 능동적이며 적극적인 태도가 우선시되어야 한다.

3. 앞으로는 조직이나 타인 등 외부로부터 요구되는 일과 노동을 수행하기 위한 농업적 근면성보다는 개인의 성장과 자아의 확립, 나아가 행복하고 자유로운 삶을 살기 위한 근면의 구현이 필요하다.

4. 정직은 사전적으로 '마음에 거짓이나 꾸밈이 없이 바르고 곧음'을 의미한다. 사회시스템은 구성원 서로가 신뢰하는 가운데 운영이 가능한데, 그 신뢰를 형성하고 유지하는 데 필요한 가장 기본적이고 필수적인 규범이 바로 정직이다.

5. 유교의 전통 가치는 '정직'이라는 규범적 의미를 이해하는 행위와 '정직 행동'을 선택하는 행위 사이에서 괴리를 발생하게 하는 요소로 작용할 수 있다.

6. 성실(誠實)은 '정성스럽고 참됨'으로 정의된다. 성(誠)은 정성스럽고 순수하고 참됨을 의미하며, 실(實)은 알차고 진실된 것을 의미한다. 따라서 성실은 그 단어의 본질을 살펴 보았을 때 그 의미가 근면함보다는 충(忠) 혹은 신(信)의 의미와 더 가깝다.

7. 창조·변혁·개혁·혁신 등의 가치가 강조되는 현대 사회에서 성실은 다분히 도덕적 영역으로 그 범위가 위축되는 경향을 보이지만, 사회 구성원들이 힘을 합쳐 공동 목표를 효율적으로 추구할 수 있게 하는 가장 확실한 사회적 자본으로 인식되고 있다.

10

[03] 공동체윤리

1 봉사와 사회적 책임, 준법의식

① 봉사와 책임의식의 의미

봉사	다른 사람과 공동체에 대하여 봉사하는 정신을 갖추고 실천하는 태도를 의미하며, 나아가 고객의 가치를 최우선으로 하는 고객 서비스 개념
책임의식	직업에 대한 사회적 역할과 책무를 충실히 수행하고 책임지려는 태도이며, 맡은 업무를 어떠한 일이 있어도 수행해 내는 태도

② 기업의 사회적 책임(CSR; Corporate Social Responsibility)

기업이 지역사회 및 이해관계자들과 공생할 수 있도록 의사결정을 해야 한다는 윤리적 책임의식으로, 기업의 이해당사자들이 기업에 기대하고 요구하는 사회적 의무들을 충족시키기 위해 수행하는 활동을 말한다.

③ 준법의 의미

- 민주시민으로서 기본적으로 지켜야 하는 의무이며 생활 자세이다.
- 민주사회의 법과 규칙을 준수하는 것은 시민으로서의 자신의 권리를 보장받고, 다른 사람의 권리를 보호하며 사회질서를 유지하는 역할을 수행하는 것이다.

Point 준법

- 준법의 사전적 의미는 법률이나 규칙을 좇아 지키는 것이다.
- 준법의식이 해이해지면 사회적으로 부패가 싹트게 된다.
- 선진국들과 경쟁하기 위해서는 개인의 의식 변화와 이를 뒷받침할 시스템 기반의 확립이 필요하다.

2 직장에서의 예절

① 예절의 의미

일정한 생활문화권에서 오랜 생활습관을 통해 하나의 공통된 생활방법으로 정립되어 관습적으로 행해지는 사회계약적인 생활규범을 말한다.

② 에티켓과 매너

에티켓	사람과 사람 사이에 마땅히 지켜야 할 규범으로, 형식적 측면이 강함
매너	생활 속에서의 형식을 나타내는 방식으로, 방법적 성격이 강함

③ 비즈니스 매너

ㄱ 인사 예절

- 비즈니스에서 가장 일반적인 인사법인 악수는 오른손을 사용하여 윗사람이 아랫사람에게 청하며, 윗사람에게는 먼저 목례를 한 후 악수를 한다.
- 소개를 할 때는 연소자를 연장자에게, 본인이 속해 있는 회사의 관계자를 타 회사의 관계자에게, 동료를 고객에게 먼저 소개한다.
- 명함을 건넬 때는 왼손으로 받치고 오른손으로 건네는데, 자신의 이름이 상대방을 향하도록 한다. 또한 손아랫사람이 손윗사람에게 먼저 건네고, 상사와 함께라면 상사가 먼저 건네도록 한다.

ㄴ 전화 예절

- 전화는 태도나 표정을 보여 줄 수 없으므로 상냥한 목소리와 정확한 발음에 유의한다.
- 전화가 연결되면 담당자 확인 후 자신을 소개하고 천천히 정확하게 용건을 전달한다. 전화를 끊기 전 내용을 다시 한번 정리해 확인하고, 담당자가 없을 땐 전화번호를 남긴다.
- 전화를 받을 때는 벨이 3 ~ 4번 울리기 전에 받는다.

ㄷ 이메일 예절

- 이메일을 쓸 때는 서두에 소속과 이름을 밝힌다.
- 업무 성격에 맞는 형식을 갖추고, 올바른 철자와 문법을 사용한다.
- 메일 제목은 반드시 쓰고, 간결하면서 핵심을 알 수 있게 작성한다.

④ **직장 내 괴롭힘**

근로기준법에 따른 사용자 또는 근로자가 직장에서의 지위 또는 관계 등의 우위를
이용하여 업무상 적정 범위를 넘어 다른 근로자에게 신체적·정신적 고통을 주거나
근무환경을 악화시키는 행위를 말한다.

⑤ **직장 내 성희롱**

남녀고용평등과 일·가정 양립 지원에 관한 법률에 따른 사업주·상급자 또는 근
로자가 직장 내의 지위를 이용하거나 업무와 관련하여 다른 근로자에게 성적 언동
등으로 성적 굴욕감 또는 혐오감을 느끼게 하거나 성적 언동 또는 그 밖의 요구 등
에 따르지 아니하였다는 이유로 근로 조건 및 고용에서 불이익을 주는 것을 말한다.

1. 봉사는 사전적으로 국가나 사회 또는 남을 위하여 자신을 돌보지 아니하고 힘을 바쳐 애쓰는 것을 의미한다.

2. 책임이란 직업에 대한 사회적 역할과 책무를 충실히 수행하고 책임지려는 태도이며, 주어지거나 스스로 맡은 업무를 어떠한 일이 있어도 완수해 내는 태도를 말한다.

3. 생계를 위해서뿐만 아니라 자신이 속한 조직의 번영을 위해서, 나아가 자신이 살고 있는 사회 전체의 발전을 위해서 '봉사정신'과 강한 '책임의식'을 갖고 직업 활동에 임해야 한다.

4. 준법이란 민주시민으로서 지켜야 하는 기본 의무이며 생활 자세이다. 민주사회의 법과 규칙을 준수하는 것은 시민으로서의 권리를 보장받고, 다른 사람의 권리를 보호해 주며 사회질서를 유지하는 역할을 한다.

5. 우리사회는 민주주의와 시장경제를 지향하지만, 그것이 제대로 정착될 만한 사회적·정신적 토대를 갖추지 못하고 있다. 선진국들과 경쟁하기 위해서는 개개인의 의식 변화는 물론 이와 함께 체계적 접근과 단계별 실행을 통한 제도적·시스템적 기반의 확립이 필요하다.

6. 예절이란 일정한 생활문화권에서 오랜 생활습관을 통해 하나의 공통된 생활방법으로 정립되어 관습적으로 행해지는 사회계약적인 생활규범이다.

10

OX 문제

01 윤리적 인간이란 공공의 이익을 추구하고, 도덕적 가치 신념을 기반으로 형성되는 인간형을 말한다.

02 다른 사람에 의해서 억지로 하는 것은 일이 아니다.

03 직업이란 경제적인 보상이 있어야 하며, 본인의 자발적 의사에 의한 것이어야 한다. 또한 장기적으로 계속해서 일하는 지속성이 있어야 한다.

04 개인적인 삶보다 직업의 규모가 더 크므로 개인윤리가 직업윤리에 포함된다.

05 직업윤리란 A회사 직원이냐를 구분하는 그 회사의 특수한 윤리이다.

06 팔은 안으로 굽는다는 속담의 의미를 염두에 두고 행동하면 개인윤리와 직업윤리가 조화를 이루게 된다.

07 사람은 혼자서는 살아갈 수 없으므로 다른 사람과의 신뢰가 필요하다.

08 성실의 항상성은 다른 덕목들로부터 파생된 것으로, 현대 생활을 영위할 때 필수적인 요소로 작용한다.

09 책임이란 주어진 업무 또는 스스로 맡은 업무를 어떠한 일이 있어도 수행해 내는 태도이다.

10 우리나라는 본인의 준법 수준을 타인의 준법 수준보다 더 높이 평가하고 있다.

01 ○ 02 × 03 ○ 04 × 05 × 06 × 07 ○ 08 × 09 ○ 10 ○

02 다른 사람에 의해 억지로 하는 것도 일이다. 다만, 행복하지 않을 뿐이다.

04 일반적으로 직업윤리가 개인윤리에 포함되지만, 가끔은 충돌하기도 한다.

05 직장윤리에 대한 설명이다. 직업윤리란 직업에 종사하는 현대인으로서 누구
    나 공통적으로 지켜야 할 윤리 기준을 말한다.

06 팔은 안으로 굽는다는 속담은 공과 사를 구분하지 못한 것으로, 올바른 직업
    윤리라고 할 수 없다.

08 성실의 특징인 항상성은 다른 덕목들의 모태가 되며, 어떠한 일을 할 때 꾸
    준히 정성을 다하도록 만든다. 이는 조직에서 생활을 영위할 때 중요한 요인
    으로 작동한다.

10

11 윤리는 눈에 보이는 경제적 이득과 육신의 안락만을 최우선으로 추구하게 한다.

12 모든 윤리적 가치는 시대와 상황을 떠나서 절대적이므로 변하지 않는다.

13 천직의식은 자신의 일이 자신의 능력과 적성에 꼭 맞는다 여기고, 그 일에 열성을 가지고 성실히 임하는 태도를 말한다.

14 성실은 항상 긍정적인 측면만 지니므로 언제나 지켜야 할 사회규범이다.

15 직업세계에서 다른 직종에 비해 더 많은 이익을 얻는 집단이라 해도 그들의 이익 분배에 대해 특별히 달리 생각할 필요는 없다.

16 직업윤리의 기본원칙 중 객관성의 원칙이란 업무의 공공성을 바탕으로 공과 사 구분을 명확히 하고, 모든 것을 숨김없이 투명하게 처리하는 원칙을 말한다.

17 삶(생계)의 유지를 위해 필요에 의해서 강요된 근면은 외부로부터 강요당한 근면이며, 자신의 것을 창조하며 조금씩 자신을 발전시키고, 시간의 흐름에 따라 자아를 확립시켜 가는 근면은 자진해서 하는 근면이다.

18 성실의 사전적 의미는 정성스럽고 참됨으로 풀이할 수 있으며, 단어의 본질을 살펴 보았을 때 그 의미가 근면함보다는 충(忠) 혹은 신(信)의 의미에 더 가깝다.

19 기업의 사회적 책임이란 단순히 이윤 추구를 하는 집단의 형태를 벗어나 자신들이 벌어들인 이익의 일부분을 사회로 환원하는 개념으로, 최근 들어 핵심적인 가치로 부각되고 있다.

20 에티켓은 형식을 나타내는 방식으로서 방법적 성격이 강한 반면, 매너는 사람과 사람 사이에 마땅히 지켜야 할 규범으로서 형식적 측면이 강하다.

11 × 12 × 13 ○ 14 × 15 × 16 ○ 17 ○ 18 ○ 19 ○ 20 ×

11 단지 눈에 보이는 경제적 이득과 육신의 안락만을 추구하는 것이 아니라 삶의 본질적 가치와 도덕적 신념을 존중하기 때문에 윤리적으로 행동해야 한다.

12 윤리적 가치는 불변의 진리가 아니라 시대와 사회 상황에 따라 조금씩 다르게 변화하는 것이다.

14 성실이 긍정적인 측면만 가지는 것은 아니다. 즉, 현대 사회와 어울리지 않는 한계가 있으므로 현대 사회의 성격과 적절하도록 전환을 시도해야 한다.

15 직업세계에서 다른 직종에 비해 더 많은 이익을 얻는 집단은 그렇지 않은 집단들에게 그들의 이익을 분배할 수 있는 사회 환원 의식도 가져야 할 것이다.

20 에티켓은 사람과 사람 사이에 마땅히 지켜야 할 규범으로서 형식적 측면이 강한 반면, 매너는 생활 속에서의 형식을 나타내는 방식으로서 방법적 성격이 강하다.

10

MEMO

SD에듀 NCS 모듈형 핵심 암기노트 + 무료NCS특강

개정3판1쇄 발행	2024년 09월 20일 (인쇄 2024년 05월 09일)
초 판 발 행	2021년 06월 30일 (인쇄 2021년 04월 29일)
발 행 인	박영일
책 임 편 집	이해욱
편 저	SDC(Sidae Data Center)
편 집 진 행	김재희
표지디자인	조혜령
편집디자인	양혜련 · 장성복
발 행 처	(주)시대고시기획
출 판 등 록	제10-1521호
주 소	서울시 마포구 큰우물로 75 [도화동 538 성지 B/D] 9F
전 화	1600-3600
팩 스	02-701-8823
홈 페 이 지	www.sdedu.co.kr
I S B N	979-11-383-7201-5 (13320)
정 가	16,000원